Im Jahre 1992 ist in den USA eine bedeutende historische Quelle ans Licht gebracht worden: der Bericht über die Flucht von maßgeblichen Mitgliedern des Parteivorstandes der SPD aus dem von den Nazis besetzten Frankreich. Mit knapper Not hatte der Vorstand erst 1938 aus Prag nach Paris fliehen können, nun mußte er im Juni 1940 erneut die Flucht ergreifen mit dem Ziel Marseille bzw. Lissabon.

Unter den Fliehenden waren Friedrich Stampfer, der damalige Vorsitzende der Exil-SPD Hans Vogel, Dr. Curt Geyer, Dr. Rudolf Hilferding, Erich Ollenhauer, Erich Rinner, Rudolf Breitscheid, Herbert Weichmann, ihre Frauen und Kinder, auch die Witwe des 1939 in Paris verstorbenen Vorsitzenden Otto Wels, der 1933 die berühmt gewordene Rede im Reichstag gegen das »Ermächtigungsgesetz« der Nazis gehalten hatte. Zu der Gruppe gehörte auch Marianne Loring, die damals 16jährige Tochter des Stampfers.

Der Bericht zeigt die Gruppe während der dramatischen Flucht kreuz und quer durch Südwest-Frankreich, von einem Hotel ins andere, stets in Angst, von der Gestapo entdeckt zu werden. Die schikanösen bürokratischen Hindernisse von willfährigen französischen Behörden treiben Spannungen und Nervosität der Gruppe ins Unerträgliche. Man stritt sich unentwegt über Fluchtrouten. Man wurde aggressiv, ungerecht und unberechenbar. Unter dem psychischen Druck zerbröselt allmählich die lange geübte Solidarität – die Gruppe zerfällt.

Breitscheid und seine Frau laufen der Gestapo direkt in die Arme; er wird ins KZ Buchenwald verschleppt, wo er am 24. 8. 1944 einem Luftangriff zum Opfer fällt; Hilferding und seine Frau werden von der Gestapo verhaftet und in Paris eingekerkert, wo er im Februar 1941 unter ungeklärten Umständen stirbt. Dem Rest der Gruppe gelingt im Herbst 1940 die Flucht über Lissabon; die Vogels und Ollenhauers erreichen London, die Stampfers die USA, wo Marianne Loring in den folgenden Monaten ihren Bericht niederschrieb.

Dieser Bericht – bislang aus persönlichen Gründen unter Verschluß gehalten – ist in seiner Authentizität eine Quelle von hohem Rang, die tiefe Einblicke in die vielfältigen persönlichen und politischen Beziehungen der Handelnden gewährt, zugleich aber demonstriert, wie Menschen unter psychischem Streß handeln. Das Buch ist in mancher Hinsicht mit dem Tagebuch der fast gleichaltrigen Anne Frank vergleichbar.

Marianne Loring, geboren 1924, lebt in Kalifornien.

Marianne Loring

Flucht aus Frankreich 1940

Die Vertreibung
deutscher Sozialdemokraten
aus dem Exil

Herausgegeben von
Wolfgang Benz

Fischer Taschenbuch Verlag

Die Zeit des Nationalsozialismus
Eine Buchreihe
Herausgegeben von Walter H. Pehle

Originalausgabe
Veröffentlicht im Fischer Taschenbuch Verlag GmbH,
Frankfurt am Main, April 1996

© 1996 Fischer Taschenbuch Verlag GmbH, Frankfurt am Main
Alle Rechte vorbehalten
Die Karte auf den Seiten 84 und 85 wurde
mit freundlicher Genehmigung des Instituts für Zeitgeschichte, München,
entnommen aus: Hermann Böhme, Der deutsch-französische Waffenstillstand
im Zweiten Weltkrieg, Stuttgart 1966.
Gesamtherstellung: Clausen & Bosse, Leck
Printed in Germany
ISBN 3-596-12822-6

Gedruckt auf chlor- und säurefreiem Papier

To Roger and Debbie
So they may know what it was like

Inhalt

Wolfgang Benz

Fliehen vor Hitler
Einleitende Bemerkungen zum
sozialdemokratischen Exil

»Freiheit und Leben kann man uns nehmen, die Ehre nicht«, mit
diesen Worten hatte Otto Wels die Haltung der SPD, ihre Verfas-
sungstreue und die Verweigerung gegenüber Hitlers Begehren nach
dem Ermächtigungsgesetz besiegelt. »Wir stehen zu den Grundsätzen des Rechtsstaates, der Gleichberechtigung, des sozialen
Rechts«, hatte er am 23. März 1933 unter dem Toben und brüllen-
dem Gelächter der NSDAP-Abgeordneten vor dem Reichstag erklärt und den Anhängern Hitlers zugerufen: »Wir deutschen Sozialdemokraten bekennen uns in dieser geschichtlichen Stunde feierlich zu den Grundsätzen der Menschlichkeit und der Gerechtigkeit,
der Freiheit und des Sozialismus. Kein Ermächtigungsgesetz gibt
Ihnen die Macht, Ideen, die ewig und unzerstörbar sind, zu vernichten.«[1]
Auf Jahre hinaus, bis zum Zusammenbruch des NS-Regimes, das
sich gerade in Deutschland etablierte, war die Rede des SPD-Vorsit-
zenden Wels das letzte öffentliche Bekenntnis zur Demokratie und
das letzte offene Wort des Widerstands gegen die Barbarei in einem
deutschen Parlament. Es gehörte bereits viel Mut dazu. Seit dem
28. Februar, an dem der Reichstag brannte, war die seit 30. Januar
1933 amtierende Hitler-Regierung im Besitz von Vollmachten, die
die verfassungsmäßigen Rechte der Bürger beschnitten, die Immuni-
tät der Abgeordneten war nicht mehr garantiert, unter dem Beifall
ihrer konservativen Bündnispartner waren die Nationalsozialisten
dabei, den Rechtsstaat zu demontieren und durch ihre Diktatur zu
ersetzen.
Die SPD war bis 1932 die stärkste, dann, nach den sensationellen Er-

1 Stenographische Berichte des Deutschen Reichstages, Bd. 457, S. 32 ff., abgedruckt u. a.
auch bei Susanne Miller / Heinrich Potthoff, Kleine Geschichte der SPD. Darstellung und
Dokumentation 1848–1983, Bonn 1983, S. 346 ff.

folgen der NSDAP, die zweitstärkste und vor allem die am besten organisierte Partei in Deutschland. Auch angesichts der Exzesse nach Hitlers Machtübernahme war sie entschlossen, den Weg der Legalität keinen Fingerbreit zu verlassen. Der Parteivorstand ließ sich in dieser Haltung auch nach dem Reichstagsbrand mit seinen Folgen nicht beirren. Die Parteibasis hatte allerdings dafür nicht immer Verständnis. Die SPD verstand sich zur Zeit der Machtübernahme Hitlers als Opposition, die mit aller Schärfe, aber nur mit legalen Mitteln, gegen die Hitler-Regierung und die NSDAP kämpfen wollte. Dazu bestand freilich bald keine Möglichkeit mehr.[2]

Bei den Reichstagswahlen am 5. März 1933 hatte die SPD noch 120 Mandate errungen. Am 23. März wurde über das von Hitler verlangte Ermächtigungsgesetz abgestimmt, mit dem sich das Parlament selbst entmachtete, weil es mit mehr als der notwendigen Zweidrittelmehrheit der Reichsregierung die Vollmacht zur Gesetzgebung nach Belieben erteilte. SA und SS hatten das Gebäude der Kroll-Oper abgeriegelt, in dem die Abgeordneten tagten, weil das Reichstagsgebäude ausgebrannt war. Die kommunistischen Abgeordneten konnten schon nicht mehr an der Sitzung teilnehmen. 94 Sozialdemokraten waren noch anwesend, 26 waren bereits verhaftet oder befanden sich auf der Flucht.

Am 10. Mai 1933 wurde auch das Parteivermögen der SPD beschlagnahmt, soweit es nicht ins Ausland gerettet worden war. Am 22. Juni erging das Verbot jeglicher politischer Tätigkeit, gleichzeitig erloschen alle Mandate der SPD im Reichstag und in den Länderparlamenten. Viele sozialdemokratische Funktionäre wurden verhaftet und in Konzentrationslager verschleppt. Das Umfeld der SPD, von den Arbeiterbildungsvereinen bis zur Arbeitersportbewegung und allen voran natürlich das »Reichsbanner Schwarz-Rot-Gold« als

---

2 Vgl. im Überblick Klaus Schönhoven, Reformismus und Radikalismus. Gespaltene Arbeiterbewegung im Weimarer Sozialstaat, München 1989; zu Möglichkeiten und Grenzen der SPD am Ende der Weimarer Republik vgl. insbesondere Hans Mommsen, Sozialdemokratie in der Defensive. Der Immobilismus der SPD und der Aufstieg des Nationalsozialismus, in: ders. (Hrsg.), Sozialdemokratie zwischen Klassenbewegung und Volkspartei, Frankfurt a. M. 1974, S. 106–133; Hagen Schulze, Anpassung oder Widerstand? Aus den Akten des Parteivorstandes der deutschen Sozialdemokratie 1932/33, Bonn 1975; Helga Grebing, Flucht vor Hitler?, in: Aus Politik und Zeitgeschichte 29. 1. 1983, S. 26–42; Eberhard Kolb, Die sozialdemokratische Strategie in der Ära des Präsidialkabinetts Brüning – Strategie ohne Alternative?, in: Ursula Büttner (Hrsg.), Das Unrechtsregime, Hamburg 1986, Bd. 1, S. 157–176.

Kampforganisation für Demokratie und Rechtsstaat, waren bereits dem Druck des nationalsozialistischen Terrors erlegen.[3]

Der SPD-Vorstand hatte zuletzt auf eine Doppelstrategie gesetzt. Gestützt auf die Parlamentsmandate wollte die Partei politisch aktiv und präsent bleiben; gleichzeitig baute sie ab Frühjahr 1933 in Prag eine Auslandszentrale auf, von der aus die illegale Weiterarbeit im Deutschen Reich geleitet werden sollte. Diese Strategie der SPD war nicht unumstritten. Abgesehen davon, daß ein Teil der Parteibasis für offenen Widerstand plädierte und nicht kampflos vor dem Nationalsozialismus kapitulieren wollte, kam es im Mai 1933 zum Konflikt zwischen der Vorstandsmehrheit im Exil und einer Gruppe um den früheren Reichstagspräsidenten Paul Löbe, die darauf setzte, durch legale Opposition dem nationalsozialistischen Terror begegnen zu können. Diese Illusion war freilich schnell verflogen. Nach dem Überfall der Nationalsozialisten auf die Gewerkschaftshäuser am 2. Mai 1933 beschloß der Parteivorstand in Erwartung eines Schlages gegen die SPD die Ausreise seiner drei Mitglieder Otto Wels, Siegmund Crummenerl und Friedrich Stampfer. Wenig später folgten ihnen Hans Vogel, Erich Ollenhauer und Paul Hertz. Andere Prominente – Otto Braun und Albert Grzesinski, Philipp Scheidemann, Rudolf Breitscheid und Rudolf Hilferding – waren bereits emigriert.

Nach dem Verbot im Juni 1933 verblieb der SPD dann nur noch der Exilparteivorstand in Prag. Um den Einfluß in Deutschland nicht zu verlieren, wurde das Parteiorgan in Prag weiterpubliziert und hieß jetzt »Neuer Vorwärts«. Grenzsekretariate wurden rings um Deutschland eingerichtet. Kuriere brachten dorthin Nachrichten und Berichte aus Deutschland über die soziale Lage der Arbeiterschaft sowie über die Einstellung der Bevölkerung zum Regime. Sie transportierten von diesen Stellen aus Flugschriften und anderes Propagandamaterial ins Reich. Mit Erlebnisberichten und einer Dokumentation über die Konzentrationslager, in denen zu diesem Zeitpunkt schon 50 000 Menschen gefangengehalten wurden, versuchte die Exil-SPD bereits 1934, die Nachbarstaaten auf den Terror der Nationalsozialisten aufmerksam zu machen.

Die SPD im Exil sah eine ihrer Aufgaben darin, »der Welt die Wahr-

3 Das Ende der Parteien 1933, hrsg. von Erich Matthias und Rudolf Morsey, Düsseldorf 1960, S. 101–278.

heit zu sagen«[4] und vor der Expansion der nationalsozialistischen Diktatur zu warnen. Eine andere bestand in der Information der Genossen in Deutschland und der Stärkung ihres Widerstandswillens. Im Exil firmierte die Partei unter der Bezeichnung Sopade, die ebenso für Neuanfang stand wie für das Bewahren der Tradition der demokratischen Arbeiterbewegung Deutschlands.[5]

Die SPD-Führer im Prager Exil arbeiteten seit Herbst 1933 an einer Programmschrift, um ihrer Opposition gegen die nationalsozialistischen Machthaber ein Ziel zu geben und die theoretische Position der SPD zu klären. Ende Januar 1934 wurde das »Prager Manifest« veröffentlicht. Darin hieß es, die Wiedereroberung demokratischer Rechte sei eine »Notwendigkeit, um die Arbeiterbewegung als Massenbewegung wieder möglich zu machen«. Der »Kampf um die Demokratie« erweitere sich zum »Kampf um die völlige Niederringung der nationalsozialistischen Staatsmacht«.[6]

Die Verfasser des »Prager Manifests«, Rudolf Hilferding, Friedrich Stampfer, Curt Geyer, hatten über die Sofortmaßnahmen nach der Beseitigung des Nationalsozialismus hinaus die Vision eines erneuerten demokratischen Staates und einer demokratisch-sozialistischen Gesellschaft. Die im Januar 1934 verabschiedete Programmschrift schloß mit dem Aufruf an die deutsche Arbeiterschaft, die »Ketten der Knechtschaft« abzuschütteln. Im Deutschen Reich wurde das

4 Neuer Vorwärts, 18. 6. 1933.

5 Die Geschichte der sozialdemokratischen Emigration kann hier nur skizzenhaft angedeutet werden. Vgl. dazu die Klassiker der Literatur: Lewis J. Edinger, Sozialdemokratie und Nationalsozialismus. Der Parteivorstand der SPD im Exil von 1933–1945, Hannover 1960; Erich Matthias, Sozialdemokratie und Nation. Ein Beitrag zur Ideengeschichte der sozialdemokratischen Emigration in der Prager Zeit des Parteivorstandes 1933 bis 1938, Stuttgart 1952; sowie vor allem: Mit dem Gesicht nach Deutschland. Eine Dokumentation über die sozialdemokratische Emigration. Aus dem Nachlaß von Friedrich Stampfer, ergänzt durch andere Überlieferungen. Hrsg. im Auftrag der Kommission für Geschichte des Parlamentarismus und der politischen Parteien v. Erich Matthias, bearb. v. Werner Link, Düsseldorf 1968; Günter Plum, Volksfront, Konzentration und Mandatsfrage. Ein Beitrag zur Geschichte der SPD im Exil 1933–1939, in: Vierteljahrshefte für Zeitgeschichte 18 (1970), S. 410–442.
Als Überblick sehr wichtig: Ursula Langkau-Alex, Zwischen Tradition und neuem Bewußtsein. Die Sozialdemokraten im Exil, in: Manfred Briegel/Wolfgang Frühwald (Hrsg.), Die Erfahrung der Fremde, Weinheim 1988, S. 61–77.
Quellenedition mit informativer Einleitung: Marlis Buchholz/Bernd Rother, Der Parteivorstand der SPD im Exil. Protokolle der Sopade 1933–1940, Bonn 1995.

6 Das Prager Manifest der Sopade wurde unter dem Titel »Kampf und Ziel des revolutionären Sozialismus. Die Politik der Sozialdemokratischen Partei Deutschlands« am 28. 1. 1934 im Neuen Vorwärts veröffentlicht. Wiederabgedruckt u. a. bei Miller/Potthoff (vgl. Anm. 1), S. 349–351.

»Prager Manifest« unter dem Tarntitel »Die Kunst des Selbstrasierens« verbreitet.

Vor dem Einmarsch deutscher Truppen, mit dem im Frühjahr 1939 die Zerschlagung der Tschechoslowakei besiegelt wurde, floh der sozialdemokratische Parteivorstand nach Paris. Die Regierung in Prag war wegen ihrer Haltung gegenüber den deutschen Emigranten und deren politischen Aktivitäten von Berlin aus zunehmend unter Druck geraten.[7] Deshalb zogen die deutschen Sozialdemokraten Anfang des Jahres 1938 nach Paris. Ein Jahr später, kurz vor der Besetzung der französischen Hauptstadt durch deutsche Truppen am 14. Juli 1940 waren sie wieder auf der Flucht. Darüber wird in diesem Buch berichtet.

Die Personen des Dramas, in das die Flucht nach Südfrankreich und weiter durch Spanien und Portugal ausartete, bildeten die großen Namen des demokratischen Sozialismus der Weimarer Republik. Otto Wels war nicht mehr unter ihnen. Am 16. September 1939 war er, 66jährig, nach längerer Krankheit in Paris gestorben. Seine Witwe Toni gehörte zum Troß der Flüchtlinge, sie war damals 65 Jahre alt und auch nicht mehr bei guter Gesundheit.

Die bedeutendste und neben Breitscheid die andere tragische Figur dieser Geschichte ist Rudolf Hilferding, geboren 1877 in Wien, gestorben unter nicht geklärten Umständen im Pariser Gefängnis La Santé im Februar 1941. Ursprünglich Arzt, war er einer der bedeutendsten marxistischen Theoretiker; sein Buch »Das Finanzkapital«, erschienen 1910, machte ihn zur Autorität schlechthin, seine These vom »organisierten Kapitalismus« und das daraus resultierende Postulat der Wirtschaftsdemokratie war ab Mitte der 20er Jahre offizielle Doktrin der Sozialdemokratie und des Allgemeinen Deutschen Gewerkschaftsbundes. Hilferding war Herausgeber der Zeitschrift »Marx-Studien«, Redakteur des Vorwärts, Chef des USPD-Organs »Die Freiheit« (1918–1922) gewesen, hatte nach der Novemberrevolution der Sozialisierungskommission des Rats der Volksbeauftragten angehört. Im Herbst 1923 und 1928/29 war er Reichsfinanzminister gewesen, am Heidelberger Programm der SPD von 1925 hatte er als Autor maßgeblich mitgearbeitet, dem Reichstag gehörte er von 1924

7 Zum Exil in der Tschechoslowakei generell siehe: Drehscheibe Prag. Zur deutschen Emigration in der Tschechoslowakei 1933–1939, hrsg. von Peter Becher und Peter Heumos, München 1992.

bis 1933 an, im Parteivorstand saß er seit September 1922. Als »Erfüllungspolitiker«, »Novemberverbrecher« und prominenter Vertreter des demokratischen Sozialismus stand er auf den Proskriptionslisten der Nationalsozialisten und war deshalb im März 1933 über die Schweiz und die Tschechoslowakei nach Paris emigriert, wo er publizistisch Widerstand gegen den Nationalsozialismus leistete.[8]

Nicht weniger gefährdet war sein um drei Jahre älterer Freund Rudolf Breitscheid, der als Mitglied des Reichstags (1920–1933) und als außenpolitischer Sprecher der SPD zur Parteiprominenz gehörte. Der ursprünglich linksliberale promovierte Volkswirt war seit 1912 SPD-Mitglied, 1917–1922 hatte er der USPD angehört, in der Revolutionszeit, von November 1918 bis Januar 1919, war er preußischer Innenminister gewesen.[9]

Der Vater der Autorin, Friedrich Stampfer, war nicht nur wegen seiner französischen Sprachkenntnisse einer der wichtigsten Teilnehmer der verzweifelten Reise in den Süden Frankreichs. 1874 in Brünn in der damaligen k. u. k. Donaumonarchie geboren, war er nach dem Studium der Volkswirtschaft und der Staatswissenschaften der Sozialdemokratie beigetreten, war ab 1900 zwei Jahre lang Redakteur der Leipziger Volkszeitung und dann Herausgeber einer Pressekorrespondenz gewesen. Im November 1916 (nachdem er Militärdienst in der österreichisch-ungarischen Armee geleistet hatte) wurde er Chefredakteur des SPD-Zentralorgans Vorwärts. Stampfer gehörte zum rechten Flügel der Partei, war antirevolutionär und streng antikommunistisch gesonnen und trat im Juli 1919 aus Protest gegen den Versailler Friedensvertrag zurück. Ab Februar 1920 wieder als Chefredakteur beim Vorwärts, gehörte er bis 1933 auch dem Reichstag an, seit 1925 war er Mitglied im Parteivorstand der SPD.

Trotz seiner Abneigung gegen eine Emigration (wegen seiner jüdischen Herkunft aber noch mehr gefährdet als andere prominente Sozialdemokraten) folgte er im Mai 1933 dem Parteibeschluß und ließ sich, zusammen mit Otto Wels und dem Parteikassierer Siegmund Crummenerl, ins Ausland entsenden, um in Prag die Zentrale der Exil-SPD zu konstituieren. Mit Curt Geyer und Erich Rinner saß er in

8 Walter Euchner, Rudolf Hilferding (1877–1941), in: Vor dem Vergessen bewahren. Lebenswege Weimarer Sozialdemokraten, hrsg. von Peter Lösche, Michael Scholing, Franz Walter, Berlin 1988, S. 170–192.

9 Vgl. Detlef Lehnert, Rudolf Breitscheid (1874–1944), in: ebenda, S. 38–56.

der Programm-Kommission des »Prager Manifests«, er leitete mit Geyer zusammen in Prag den Neuen Vorwärts. Wenig später veröffentlichte er die erste Geschichte der Weimarer Republik.[10] 1935 hatte Stampfer an den gescheiterten Verhandlungen einer deutschen Volksfront, also dem Zusammenschluß aller antifaschistischen Kräfte im Exil,[11] in Paris teilgenommen, im Februar und März 1939 hielt er sich in New York auf, um mit amerikanischen Gewerkschaftern und Gesinnungsfreunden Wege zur weiteren Finanzierung der Sopade-Arbeit zu suchen (der Teil des Parteivermögens, den die Sozialdemokraten im Frühjahr 1933 ins Ausland gerettet hatten, war längst aufgebraucht).

Im Frühjahr 1940 war Stampfer aus dem gleichen Grunde abermals in New York; am 9. Mai war er wieder in Paris eingetroffen; nur wenig später befand er sich mit Frau und Tochter auf der Flucht vor Hitlers Schergen. Ein erheblicher Teil der organisatorischen, psychologischen und alltäglichen Mühen der Flucht, verursacht durch Umstände, Behörden, Gefahren und durch menschliche Unzulänglichkeiten der Reisenden, lasteten auf den Schultern Friedrich Stampfers.

Hans Vogel, 1881 geboren, gelernter Holzbildhauer und ab 1908 Parteifunktionär, verkörperte den Typ des sozialdemokratischen Berufspolitikers. Er war Bezirkssekretär in Franken, saß für die SPD von 1912 bis 1918 im bayerischen Landtag und von 1919 bis 1933 im Reichstag, war seit 1927 Mitglied des Parteivorstands und ab Juni 1931 zusammen mit Otto Wels und Arthur Crispien Vorsitzender der Partei. Auf der Parteikonferenz vom 26. April 1933 im Amt als zweiter Vorsitzender der SPD bestätigt, wurde er im Mai in die Emigration nach Prag geschickt, zog 1938 mit dem SPD-Vorstand nach Paris um und amtierte nach dem Tod von Otto Wels im September 1939 als alleiniger Vorsitzender der exilierten Sozialdemokratie.

Curt und Anna Geyer hatten in den ersten Jahren der Weimarer Republik als junge Leute (Anna war 1893 als Tochter eines Bildhauers in Frankfurt am Main, Curt 1891 in Leipzig als Sohn des sozialdemokratischen Reichstagsabgeordneten Friedrich Geyer zur Welt gekommen)

---

10 Friedrich Stampfer, Die 14 Jahre der ersten deutschen Republik, Karlsbad 1936.
11 Ursula Langkau-Alex, Volksfront für Deutschland? Band 1: Vorgeschichte und Gründung des »Ausschusses zur Vorbereitung einer deutschen Volksfront« 1933–1936, Frankfurt a. M. 1977.

politische Rollen gespielt. Curt hatte sich nach dem Studium der Geschichte und der Volkswirtschaft 1917 der USPD angeschlossen, war Mitglied des Zentralkomitees, hatte sie im Reichstag vertreten, er begleitete den linken Flügel auch zur KPD und ließ sich nach Moskau zur Komintern delegieren. Nach der Rückkehr zur SPD 1922 war er bis 1933 innenpolitischer Redakteur des Vorwärts, seine politische Position war jetzt rechts von der sozialdemokratischen Mitte, eine Zusammenarbeit mit der KPD oder der linken Parteiopposition lehnte er ab. Seit Oktober 1933 in der Emigration, war er, zusammen mit Friedrich Stampfer, Chef des »Neuen Vorwärts« in Prag und dann in Paris. 1938 wurde er in den Parteivorstand berufen.[12] Anna Geyer war in der Revolutionszeit Abgeordnete der USPD im sächsischen Landtag gewesen, auch sie kehrte nach Stationen bei der KPD und dann der Kommunistischen Arbeitsgemeinschaft zur SPD zurück und war als Journalistin für den Vorwärts, in der Emigration auch für das Pariser Tageblatt, tätig. Ihre Tochter Lily war zur Zeit der Flucht aus Frankreich 13 Jahre alt.

Herbert und Elsbeth Weichmann sowie Erich Rinner und Erich Ollenhauer gehörten zu den jüngeren der Fluchtgesellschaft, sie waren um die 40 Jahre alt und bildeten 1933 das mittlere Establishment der sozialdemokratischen Funktionäre. Herbert Weichmann (1896–1983) stammte aus einer gebildeten jüdischen Familie aus Oberschlesien, er hatte Jura studiert, war Richter und Journalist gewesen, ehe ihn der legendäre preußische Ministerpräsident Otto Braun ins Staatsministerium holte, wo er als persönlicher Referent im Rang eines Ministerialrats tätig war, bis ihn die Nationalsozialisten 1933 aus dem Amt jagten. Über Brünn flohen Herbert und Elsbeth Weichmann (1902–1988) im Oktober 1933 nach Paris, beide arbeiteten dort als Journalisten (Frau Weichmann hatte Nationalökonomie studiert und sich dann publizistisch einen eigenen Namen gemacht), sie waren 1940 zunächst von der französischen Regierung interniert worden.

Erich Ollenhauer (1901–1961) hatte nach einer kaufmännischen Lehre die Laufbahn des sozialdemokratischen Jugendfunktionärs eingeschlagen, war ab 1923 Sekretär der sozialistischen Jugendinternationale und wurde am 26. April 1933 als Vertreter der jüngeren Generation in den Parteivorstand der SPD gewählt. Über Saarbrücken

---

12 Die revolutionäre Illusion. Zur Geschichte des linken Flügels der USPD. Erinnerungen von Curt Geyer, hrsg. von Wolfgang Benz und Hermann Graml, Stuttgart 1976.

war er nach Prag und dann nach Paris emigriert, aus der Internierung im Mai 1940 wurde er wie andere wichtige Leute durch Intervention des prominenten französischen Sozialisten Léon Blum entlassen.[13] Ganz ähnlich war die Karriere Erich Rinners (1902–1982) verlaufen. Nach manchen Funktionen in der SPD war der studierte Volkswirt 1933 in den Parteivorstand gewählt worden, in der Emigration war er von 1934 bis 1940 in Prag und schließlich in Paris Redakteur der monatlich erscheinenden »Deutschland-Berichte der Sopade« gewesen, dem wichtigsten Informationsorgan über Hitlers Staat, das aus Berichten von Genossen in Deutschland gespeist wurde.

Das nationalsozialistische Regime hatte viele Emigranten mit der Ausbürgerung[14] bestraft und verlangte von der französischen Regierung die Auslieferung zwecks weiterer Verfolgung. Das physische Entkommen, die Flucht vor Hitlers Schergen, wie in diesem Buch mit der Grazie und dem Charme der 16jährigen Autorin geschildert, bedeutete noch nicht Rettung. Dazu waren Pässe und Visa, Ausreisegenehmigungen und die Gewährung von Transit nötig. Die französischen Behörden waren zu Hilfen kaum willens und vor allem nicht in der Lage. Die Organisation der Reise über Spanien und Portugal nach den Vereinigten Staaten oder Großbritannien, in geringerem Maße auch noch in andere Länder, erforderte Beziehungen und Geldmittel, die nur außerhalb des bedrängten europäischen Kontinents aufgebracht werden konnten. Vor allem zwei Organisationen (wenn dieser Ausdruck für die Rettungsaktionen überhaupt zutrifft) teilen sich mit dem Jewish Labor Committee (New York) den Ruhm, Flüchtlingen vor Hitler im letzten Augenblick geholfen zu haben.[15] Im Auftrag des von amerikanischen Bürgern im Sommer 1940 errich-

---

13 Brigitte Seebacher-Brandt, Biedermann und Patriot. Erich Ollenhauer. Ein sozialdemokratisches Leben, Rheinbreitbach 1984.
14 Mit der Ausbürgerung (»Rechtsgrundlage« war das »Gesetz über den Widerruf von Einbürgerungen und die Aberkennung der deutschen Staatsangehörigkeit vom 14. 7. 1933) wurde der Emigrant staatenlos und sein Vermögen war zugunsten des Deutschen Reiches beschlagnahmt. Die Ausbürgerungen wurden in Listen im Deutschen Reichsanzeiger veröffentlicht, die erste Liste (mit den Namen von Wels, Breitscheid, Hilferding, Friedrich Stampfer und Ollenhauer) wurde am 25. 8. 1933 publiziert. Anna und Curt Geyer erschienen auf Liste 6 (25. 7. 1936), die Ausbürgerung von Charlotte Stampfer und Marianne war in Liste 12 am 16. 4. 1937 veröffentlicht. Vgl. Michael Hepp (Hrsg.), Die Ausbürgerung deutscher Staatsangehöriger 1933–45 nach den im Reichsanzeiger veröffentlichten Listen, München 1985–1988 (3 Bde.).
15 Jack Jacobs, Ein Freund in Not. Das Jüdische Arbeiterkomitee in New York und die Flüchtlinge aus den deutschsprachigen Ländern, 1933–1934, Bonn 1993 (Friedrich-Ebert-Stiftung).

teten Emergency Rescue Committee besorgte Varian Fry von einem Hotelzimmer in Marseille aus Visa und Schiffspassagen, steckte den Hilfsbedürftigen Geld in die Tasche und sorgte für den Transit durch Spanien nach Portugal. Intellektuelle, Wissenschaftler, Schriftsteller und Künstler wie Heinrich Mann, Alfred Döblin, Lion Feuchtwanger, Franz Werfel, Marc Chagall und andere Prominente verdankten dem Emergency Rescue Committee die Rettung.[16]

Im selben Hotel hatte sich ein amerikanischer Journalist schon vor Fry einquartiert. Frank Bohn (1878–1975) arbeitete im Auftrag der amerikanischen Gewerkschaftsbewegung (American Joint Labor Committee) ebenso virtuos wie erfolgreich daran, europäische Sozialisten und Gewerkschaftsfunktionäre vor den Nationalsozialisten in Sicherheit zu bringen. Für die Sopade-Leute war er zuständig, und bis auf Breitscheid und Hilferding, denen ihre Unfähigkeit zum Entschluß zum Verhängnis wurde,[17] konnte Frank Bohn allen helfen. Ihm zur Seite stand Fritz Heine, sozialdemokratischer Parteifunktionär und selbst auf der Flucht vor Hitler, seit 1925 Sekretär beim Parteivorstand, ab 1933 in Prag für Verlags- und Propagandafragen zuständig. 1938 in Paris in den Parteivorstand kooptiert, organisierte er von Juli 1940 bis Februar 1941 in Marseille als Sopade-Beauftragter die Flucht gefährdeter Sozialdemokraten, lebte dann bis Anfang 1946 in London.[18] Nach der Rückkehr wurde er in den SPD-Vorstand gewählt. Sein Name steht für den Behauptungswillen der Sozialdemokratie im Exil und für Traditionen der deutschen Arbeiterbewegung von Weimar über Hitler hinaus zur Bundesrepublik.

Nach der Rettung trennten sich die Wege und Schicksale der Flüchtenden. Toni Wels starb 1942 in New York. Hans Vogel, der seit Januar 1941 in London die SPD repräsentierte und auf die Rückkehr in ein Deutschland nach Hitler hoffte, starb am 6. Oktober 1945, während in Wennigsen bei Hannover unter dem Vorsitz von Kurt Schumacher die »Reichskonferenz« der wiederentstehenden SPD tagte. Die Londoner Emigration war dort durch Erich Ollenhauer (und ebenso durch Fritz Heine und andere) vertreten. Er kehrte im Fe-

---

16 Varian Fry, Auslieferung auf Verlangen. Die Rettung deutscher Emigranten in Marseille 1940/41. Hrsg. von Wolfgang D. Elfe und Jan Hans, München 1986. (Als Taschenbuch in der Reihe »Die Zeit des Nationalsozialismus« unter der Bandnr. 11893)
17 Ebenda, S. 34–36.
18 Vgl. Werner Röder, Die deutschen sozialistischen Exilgruppen in Großbritannien, Hannover 1969.

bruar 1946 nach Deutschland zurück, wurde im Mai zum stellvertretenden Vorsitzenden der SPD in den westlichen Besatzungszonen gewählt und war nach dem Tod Kurt Schumachers von 1952 bis 1963 Vorsitzender der SPD, ein ebenso loyaler wie beständiger Politiker, der als Oppositionsführer und Kanzlerkandidat gegen Konrad Adenauer freilich glücklos blieb.

Erich Rinner lebte ab Herbst 1945 in New York, als Wirtschaftsexperte einer Bank trat er politisch nicht mehr hervor. Das Ehepaar Geyer trennte sich nach der Flucht aus Frankreich. Anna Geyer ging mit Lily nach Amerika, wo sie 1941 Mitglied im Executive Committee des »German-American Council for the Liberation of Germany from Nazism« wurde. Sie starb 1973 in Detroit. Curt Geyer lebte ab Juni 1941 in London. Nach Konflikten über Programm und Politik der SPD nach dem Untergang des NS-Staates verließ er im Januar 1942 den Parteivorstand der Sopade. Aus der Partei wurde Geyer, der vorübergehend mit den strikt antideutschen Überzeugungen Lord Vansittarts sympathisierte, nach einer Erklärung über den Nationalismus der SPD und die Mitschuld der Partei am Aufstieg des Nationalsozialismus ausgeschlossen. Er zog sich schließlich ganz aus der Politik zurück und arbeitete von 1947 bis 1963 als Korrespondent der Süddeutschen Zeitung in London. 1967 ist er gestorben.

Elsbeth Weichmann studierte in New York Statistik, wurde Mitarbeiterin der Rockefeller Foundation, schrieb auch für die deutsch-jüdische New Yorker Zeitung »Aufbau«. Herbert Weichmann arbeitete in der Kanzlei eines Wirtschaftsprüfers und war unter anderem Vorstandsmitglied im »German-American Council for the Liberation of Germany from Nazism«. Im Juni 1948 kehrte er auf Wunsch des Hamburger Bürgermeisters Max Brauer nach Deutschland zurück, seine Frau folgte wenig später nach. Er gehörte zu den wenigen Hitler-Flüchtlingen, die im öffentlichen Dienst der Bundesrepublik eine Karriere machten. Herbert Weichmann baute den Rechnungshof wieder auf und war dessen Präsident, dann Präses der Finanzbehörde und von 1965 bis 1971 Erster Bürgermeister von Hamburg. Er ist 1983, inzwischen Ehrenbürger der Hansestadt, gestorben; seine Frau lebte bis 1988.[19]

Friedrich Stampfer, der neben Breitscheid älteste, aber auch der

19 Herbert und Elsbeth Weichmann Stiftung (Hrsg.), Schicksale deutscher Emigranten. Auf der Suche nach den Quellen. Arbeitsergebnisse, München 1993.

agilste in der unfreiwilligen Reisegesellschaft, die aus dem besetzten Frankreich zu entkommen suchte, stürzte sich nach der Überfahrt nach New York gleich wieder in die politische Arbeit. Er schrieb für das Exilblatt »Neue Volks-Zeitung« und war in Organisationen der politischen Emigration tätig, hielt sich von Oktober 1941 bis Februar 1942 wieder in London auf, um Kontakte mit der britischen Labour Party zu halten. Zu seinen politischen Anliegen gehörte es, die Kollektivschuld-These und die Vermutung eines faschistischen deutschen Nationalcharakters zu bekämpfen, er exponierte sich gegen die Ansichten Vansittarts und stritt gegen Territorialverluste des Deutschen Reiches und gegen die Massenvertreibungen der Deutschen aus Ostmitteleuropa. Im Sommer 1947 besuchte er die amerikanische und die britische Besatzungszone Deutschlands, ein Jahr später nahm er einen Ruf als Dozent an die Akademie der Arbeit in Frankfurt am Main an. Daneben blieb er bis zu seinem Tod im Dezember 1957 als Journalist und Schriftsteller präsent. Charlotte Stampfer, geborene Trénel, die ihn auf allen Wegen begleitet hatte, starb 1969 im Alter von 79 Jahren in Bad Kreuznach.

Zu berichten bleibt, wohin die Geschicke die Hauptperson dieses Buches führten. Marianne Stampfer besuchte das Hunter College in New York City und schloß 1946 ihr Studium mit dem B. A. in englischer Literatur ab. 1950–1952 arbeitete sie in München für amerikanische Behörden, um in der Nähe der Eltern zu sein, die sich bei Frankfurt niedergelassen hatten. Dann heiratete sie und zog nach Kalifornien. Im Frühjahr 1995 schrieb sie über sich: »Nach meiner bewegten Kindheit kann ich mit Genugtuung berichten, daß ich sehr seßhaft geworden bin. Im vorigen Jahr wurde ich 70 und wohne seit 35 Jahren in demselben Haus. End of the story.«

Zum Text

Der Text, im Sommer 1941 von Marianne Stampfer zu Papier gebracht, wurde weder von der Autorin noch vom Herausgeber verändert. Lediglich einige wenige offensichtliche Tippfehler und etliche orthographische Irrtümer sind stillschweigend korrigiert worden, ebenso ist die Interpunktion vom Herausgeber nach den heutigen Regeln der Grammatik berichtigt worden.

Als Marianne Loring Anfang der 90er Jahre nach dem handgeschriebenen Original das Typoskript erstellte, hat sie an manchen Stellen dem Text Erläuterungen hinzugefügt, die in englischer Sprache abgefaßt sind. Diese Anmerkungen erscheinen im Druck in Übersetzung; sie sind, um sie von den Kommentaren des Herausgebers zu unterscheiden, kursiv gesetzt. Die zahlreichen französischen Begriffe, Redewendungen, Dialoge im Text sind, um den originalen Duktus und das Flair des Berichts nicht zu beeinträchtigen – das Denken der 16jährigen Autorin und ihr Stolz, die Sprache des Gastlands zu beherrschen, finden ja darin ihren Ausdruck –, nicht übersetzt oder annotiert worden. Der Leser findet jedoch im Anhang des Buches alle französischen Passagen in einer deutschen Übertragung, die von Isabelle Birambaux besorgt wurde.

Das Vorwort der Autorin vom Herbst 1992 wurde, ebenso wie ihre Erläuterungen zum Text, vom Herausgeber übersetzt. Eine »Dramatis Personae« überschriebene Zusammenstellung knapper biographischer Daten wurde zugunsten einer ausführlichen Charakterisierung der Personen und der historischen Zusammenhänge weggelassen.

Das Kapitel »Flucht aus Frankreich« aus den Erinnerungen Friedrich Stampfers, auf das Marianne Loring in ihrem Vorwort Bezug nimmt, beschließt dieses Buch. Es ist mit freundlicher Erlaubnis der Rechtsnachfolger des Verlags für Politik und Wirtschaft dem 1957 erschienenen Buch »Erfahrungen und Erkenntnisse. Aufzeichnungen aus meinem Leben« entnommen. W. B.

Flucht aus Frankreich

Marianne Stampfer, 1942

Vorwort

Diese Geschichte lag, nahezu vergessen, fünfzig Jahre lang ganz hinten in einem Schrank. Gelesen haben sie meine Eltern, als ihre Niederschrift 1941 beendet war, mein Mann in den 50er Jahren und Ernie Vogel, der Sohn von Hans Vogel, in den 80er Jahren. Ich hielt den Text unter Verschluß, weil er ein so persönliches Dokument darstellt und weil ich diejenigen nicht verletzen wollte, über die ich so hart geurteilt habe. Ich möchte auch jetzt ihre Kinder nicht kränken. Das inzwischen vergangene halbe Jahrhundert hat wohl die Dinge entschärft. Ich dachte also, die Zeit sei gekommen, das Manuskript abzutippen, um es der Vergessenheit zu entreißen, damit mein Sohn und etliche andere, die es möglicherweise interessiert – einige von ihnen waren Teilnehmer der Odyssee –, es lesen könnten.

Mein Dank gilt vor allem Max Knight, dem Schriftsteller, Dichter und ehemaligen Editor der University of California Press, für seine Ermunterung und sein Drängen, das dem Dokument zum Tageslicht verholfen hat. Er machte viele hilfreiche Vorschläge und betonte die Notwendigkeit erläuternder Fußnoten. Ich möchte hervorheben, daß das Manuskript vollkommen unverändert wiedergegeben ist, genauso, wie es aus der Feder der 16jährigen Autorin geflossen ist.

Ich danke Ernie Vogel dafür, daß er biographische Daten zur Verfügung gestellt hat, und Jeffrey Masson, der nicht nur die Benutzung seines Computers gestattet hat, sondern mich aufrechthielt, wenn das Unternehmen schmerzhaft und lästig für mich wurde.

Der aufmerksame Leser wird etliche Unstimmigkeiten in der Schilderung meines Vaters, die am Ende abgedruckt ist, erkennen. Alles, was ich dazu sagen kann, ist, daß mein Vater mein Manuskript sorgfältig gelesen und mit einigen Anmerkungen versehen, aber niemals dessen Stimmigkeit in Frage gestellt hat. Sein kurzer Überblick über diesen Zeitabschnitt ist etwa sechzehn Jahre später verfaßt worden. Er hatte damals keinen Zugang zu meinem Manuskript, und es ist verständlich, daß er sich nicht mehr an jede Einzelheit erinnern konnte.

Kensington, California   M. L.
Oktober 1992

Einleitung

Es liegt Güte und auch Ironie des Schicksals darin, daß ich den Schlußstrich unter die Erzählung der schwersten Zeit meines Lebens in einer so schönen Umgebung setzte.

Diese Zeilen, an denen ich sechs Monate gearbeitet habe, sind zu nichts anderem bestimmt, als ein persönliches Dokument zu sein.

Mit klopfendem Herzen habe ich das erste Wort geschrieben; mit klopfendem Herzen schreibe ich das letzte.

Es ist das erste Mal, daß ich etwas geschrieben habe, das ich andern zeigen werde. Mit 16½ habe ich diese Erzählung angefangen, mit 17 vollende ich sie. Dies ist die erste meiner Schriften, die in die Welt – so klein sie auch sein mag – hinaus soll. Mit bangem Herzen lasse ich sie gehen.

Möge dies der größte Unsinn sein, der jemals zu Papier gebracht worden ist, so habe ich doch glückliche Stunden über diesen Blättern verbracht.

Orange, New Jersey, den 13. Juli 1941

> *Die Krähen schrein*
> *Und ziehen schwirren Flugs zur Stadt*
> *Bald wird es schnein, –*
> *Wohl dem, der jetzt noch Heimat hat!*
>
> *Nun stehst Du starr,*
> *Schaust rückwärts, ach! wie lange schon!*
> *Was bist Du Narr*
> *vor Winters in die Welt entflohn?*
>
> *Die Welt – ein Tor*
> *Zu tausend Wüsten stumm und kalt!*

Wer das verlor,
Was Du verlorst, macht nirgends halt.

Nun stehst Du bleich,
Zur Winterwanderschaft verflucht,
Dem Rauche gleich,
Der stets nach kältern Himmeln sucht.

Flieg Vogel, schnarr
Dein Lied im Wüstenvogel-Ton!
Versteck, Du Narr,
Dein blutend Herz in Eis und Hohn!

Die Krähen schrein
Und ziehen schwirren Flugs zur Stadt:
Bald wird es schnein, –
Weh dem, der keine Heimat hat!

Friedrich Nietzsche

Ein Stück Lebensgeschichte

Es ist zwecklos zu versuchen, seinem Schicksal zu entrinnen. Das Schicksal ist die Katze, die mit grünen funkelnden Augen jede Bewegung des gefangenen grauen Mäuschens verfolgt; sucht die Maus zu entkommen, schon ist sie von den spitzen Krallen des Raubtieres gepackt, und das grausame Spiel beginnt von neuem, bis endlich einmal ein scharfer Hieb dem Leben des Opfers ein Ende bereitet.

Der 10. Mai 1940 ist einer der Tage, an dem jene böse, unerklärliche Macht, die die Welt beherrscht, ein neues Unglück über die Menschheit hereinbrechen ließ.

Am frühen Morgen jenes verhängnisvollen Tages marschierte die deutsche Armee nach den Niederlanden, Belgien und Luxemburg. Die Alliierten beeilen sich, den Opfern der Barbarei eine schon zu spät kommende Hilfe zuteil kommen zu lassen. Drei Tage nach dem Ausbruch des Blitzkrieges besetzt die deutsche Armee Rotterdam und schneidet Holland in zwei Teile. Der Verzweiflungskampf im nördlichen Teil des Landes wird fortgesetzt, obwohl Holland schon verloren ist. Noch am selben Tag erreicht ein anderer Teil der mordenden Horden Sédan; die Schlacht um Frankreich beginnt.

Das französische Heer ist schlecht ausgerüstet; man kann nicht mit einfachen kleinen Kanonen eine Waffe wie den Tank [= Panzer] bekämpfen. Am 21. erreichen die Deutschen Abbeville und schneiden die in Belgien kämpfenden französischen, englischen und belgischen Truppen ab. Am 25. kapituliert die belgische Armee. Die in Dünkirchen eingekreisten französischen und englischen Soldaten vollziehen den größten Rückzug der Geschichte: Es gelingt, den größten Teil der Soldaten nach England zu retten. Noch kann man nicht glauben, daß der Krieg verloren ist. Man tröstet sich mit dem Gedanken, daß im Ersten Weltkrieg sich ähnliche Ereignisse abgespielt haben. Frankreich sollte den Krieg verloren haben? Nach einem zwanzigtägigen Kampf? Unmögliche Vorstellung! Der 28. Mai war ein strahlend schöner Tag. Der blaue Himmel, die brennende Sonne, das frische Grün, das Vogelgezwitscher; es schien wie ein Hohn, ein Hohn!

Wir saßen in unserm Wohnzimmer in der Butte Rouge und starrten auf drei rosarote Zettel, die auf dem Tisch lagen. Diese drei Papierfetzen konnten uns nach dem Süden Frankreichs bringen, nach dem sonnigen Süden, fern von dem Kriegsgetümmel und der drohenden Umklammerung der Deutschen. Aber konnten wir das tun? Rinner, Geyer, Ollenhauer, Leeb[1], Grötsch[2], Fuchs[3] und einige Frauen waren im Lager und brauchten dringend Hilfe. Wenn mein Vater Paris verlassen würde, würde das für Vogel bedeuten, daß alle Lasten, alle Verantwortung auf seinen Schultern liegen. Andererseits mußte auch jemand in Südfrankreich sein, um den »Empfang« zu organisieren.

Unschlüssig spielten wir mit den rosa Zetteln. Meine Mutter begann zu weinen und sagte, daß sie lieber in Paris bleiben würde, als daß meinem Vater nachgesagt werden konnte, daß er »fahnenflüchtig« sei.

Ich ging in den fünften Stock und klopfte an die Türe. Vogel öffnete und kam auf meine Bitte hinauf. »Natürlich fahren Sie, Stampfer«, sagte er. »Ihre Gesundheit verlangt es. Ich werde Sie jederzeit rechtfertigen und verteidigen.« Wir beschlossen also, diese »Erholungsreise« anzutreten...

Die Koffer waren gepackt. Es war ein wehmütiges Gefühl für mich, in den letzten Tagen die Pariser Luft zu atmen. Mir war schwer ums Herz, als wir im Taxi zum Bahnhof fuhren. Es war ein Abschied, ich wußte aber nicht, wie schwer er war. Ich dachte, daß ich spätestens im Herbst zurückkönnen würde. *»Au revoir et à bientôt.«** Wir hatten Billetts zweiter Klasse genommen und hatten sogar Fensterplätze. Der Zug ging gegen acht Uhr. Wir waren schon eine Stunde früher am Bahnhof. Der Zug war noch vollkommen leer, als wir einstiegen. Ich saß an meinem Fenster und starrte auf das Pflaster des Bahnhofs. Wann werde ich wieder dieses Pflaster unter meinen Sohlen spüren? Es war mir unerklärlich, warum der Bahnsteig so leer war. Plötzlich wurden die Barrieren geöffnet, und eine graue Menschenmasse ergoß

---

* Die Übersetzungen der französischen Begriffe und Passagen (im Text und in den Überschriften kursiv hervorgehoben) befinden sich am Ende des Bandes, S. 146 ff.

sich auf den Bahnsteig. Die Flüchtlinge – es war das erste Mal, daß ich sie sah ... Die Flüchtlinge, die Flüchtlinge, nie werde ich sie vergessen – sie sind das verkörperte Elend. Sie sind geflohen vor dem Kriege, vor der Verwüstung, vor der Sklaverei. Sie haben ihr Heim verlassen, sie tragen ein paar Habseligkeiten mit sich, manche in Koffern, manche in bunte Tüchter gewickelt. Sie sind gekommen, um Schutz zu suchen, eine neue Bleibe und ein neues Heim. Sie haben kein Geld, keine Kleider und keine Schuhe. Der Feind naht, sie müssen weiterwandern, weiterziehen, zu Fuß, bis ihre Füße bluten, in Viehwagen, in Lastautos. Ständig heißt es weiter, weiter ... Sie füllen die Landstraßen, die Bahnhöfe, die Dörfer. Der Strom des grauen Elends ergießt sich über das ganze Land. Zehn Millionen sind geflohen. Zehn Millionen leben auf den Landstraßen, schlafen im Freien oder in elenden Massenlagern, frieren und hungern. Zehn Millionen! Hörst Du es, Gott in den Wolken? Zehn Millionen ...

Das Signal zur Abfahrt wird gegeben. Der Zug rollt an, hält, ruckt, setzt sich langam in Bewegung, der Bahnhof zieht vorbei, die Häuser, die Straßen, wir fahren schneller und schneller, wir fahren durch Felder, durch Wiesen. Mein Gott, haben wir wirklich Paris verlassen? Wirklich verlassen? Ich kann es nicht glauben, ich kann es nicht fassen, mich packt die Angst – werde ich diese Strecke einmal zurückfahren? Paris, mein Paris!

Es ist die Geschichte eines Gespensterschiffes geschrieben worden, doch nicht die eines Gespensterzuges. Zu Mittag wollten wir in den Speisewagen gehen, um zu essen. Wir hatten es uns nicht recht überlegt. Etwa zehn Waggons dritter Klasse trennten uns vom Speisewagen. Ich werde nie diesen Gang vergessen. In den Wagen war nicht genug Platz für alle Flüchtlinge. Also hatten sich die armen Menschen auf den Gang gesetzt. Manche lagen auf dem Boden und schliefen, manche hockten zusammengekauert auf Koffern und Säcken. Das ist immerhin noch eine bequeme Fahrt für Leute, die stundenlang zu Fuß gehen mußten. Manche Frauen hatten sich die Schuhe ausgezogen, weil das Leder ihre blutigen Füße zu sehr drückte. Die schmutzigen kleinen Kinder weinten und schrien.

Und nun kamen wir, die Aristokraten, die Bourgeois, die feinen Leute, die Reichen, in guten Kleidern und wirklichen festen Schuhen, auf dem Wege zum guten Essen im Speisewagen. Wir quetschten uns durch den ersten Wagen, durch den zweiten, durch den dritten – es nahm kein Ende. Ich wollte umkehren, ich konnte es nicht mehr ertragen. Ich weiß nicht, wieviel Zeit wir gebraucht haben, um über das am Boden liegende Gewirr von menschlichen Gliedern, Koffern, Säcken und Bündeln zu steigen. Hätten mich die Leute geschlagen, wäre ich wohl dankbar gewesen und hätte mich erleichtert gefühlt. Ich hätte es leichter ertragen als die stumpfen Blicke, aus denen das ganze unendliche Leid dieser gequälten Menschen spricht. Ich habe mich noch nie so vor einem Mittagessen geekelt. Ich habe kaum einen Bissen herunterwürgen können. Und dann hieß es zurück, zurück in die Polsterklasse, ein, zwei, drei, vier, fünf, sechs, sieben, acht, neun, zehn Wagen; hundert-, tausendmal fühlte ich den Gedanken, den diese armen Menschen haben mochten: Jetzt haben sie gegessen...

Wir kamen mit erheblicher Verspätung in Bordeaux an. Ein Zug von schwarzen Soldaten hielt vor uns, die alle in Bordeaux aussteigen sollten. Ich habe noch nie in meinem Leben so schwarze Menschen gesehen wie diese Senegaleser. Ich fragte mich, wie diese Menschen etwas von moderner Kriegsführung wissen können. Wissen diese halbtierischen Menschen, wie man eine Kanone abfeuert? Ihre Wagen stanken wie Zirkuswagen, in denen wilde Tiere gehalten werden. Erst in Bordeaux sah ich etwas von Krieg, in Paris hatten wir nichts davon gemerkt.

Unser Zug fuhr in den Bahnhof ein. Es war ungefähr fünf Uhr nachmittags. Auf dem Bahnsteig war ein furchtbares Durcheinander von Flüchtlingen und Soldaten. Es dauerte ungefähr eine halbe Stunde, bis wir, wie durch ein Wunder, zu einem Gepäckträger kamen. Wir ließen unsere vier Handkoffer in der Gepäckaufgabe! Vor dem Bahnhof wandten wir uns – O süße Unschuld der Unwissenden! – an einen Taxichauffeur und baten ihn, uns in ein gutes Hotel zu fahren. Der Chauffeur sah uns an wie jemanden, der nicht ganz richtig im Kopfe ist, und sagte mitleidig lächelnd: »Es hat überhaupt keinen Zweck zu suchen. Ich will Ihnen nicht unnütz das Geld aus der Tasche ziehen. Die Stadt ist überfüllt. Es ist unmöglich, einen Strohsack zu finden.«

Nun waren wir auch nur *»réfugiés«*!

Wir fuhren mit einem Autobus ins Stadtinnere und versuchten, in ein paar kleinen Hotels in Nebenstraßen einen Stuhl und ein Dach überm Kopf zu finden. Es war nichts zu machen. »Es wird uns wohl nichts weiter übrigbleiben, als zu Marquet zu gehen«, sagte mein Vater. Marquet[4], der Bürgermeister von Bordeaux, war mit meines Vaters Freund, Pierre Renaudel[5], befreundet gewesen.

Es war fünf Minuten vor sechs Uhr, und die Mairie schloß um sechs. Mit einiger Mühe trieben wir ein Taxi auf und fuhren zum Rathaus. Es war noch offen. Meine Mutter blieb unten stehen, und mein Vater und ich gingen hinauf. Müde und abgespannt setzten wir uns im Vorzimmer nieder und gaben dem Sekretär die Visitenkarte.

Es dauerte merkwürdig lange, bis der Sekretär uns mit süßsaurer Miene aufforderte hereinzukommen. In einem eleganten Zimmer stand der Herr Bürgermeister hinter dem Schreibtisch und spielte mit der Visitenkarte. »*Monsieur, je n'ai pas l'honneur de vous connaître.*« Darauf waren wir kaum gefaßt. Wir hatten nun die Ehre, uns vorzustellen. M. Marquet aber konnte seine kostbare Zeit nicht verschwenden. Er könne nichts tun, sagte er. Das beste sei, Bordeaux sofort wieder zu verlassen. Er war nicht unhöflich – Franzosen sind selten unhöflich –, aber eisig kalt.

Hätten wir gewußt, welche Rolle M. Marquet ein paar Wochen später spielen sollte, wären wir nicht auf die Idee gekommen, zu ihm zu gehen.[6]

Wir standen wieder draußen und schlichen uns die Treppe hinunter. Ein Gefühl der Erniedrigung und der Scham trieb mir die Tränen in die Augen. Als Bettler waren wir gekommen, und als Bettler hatte man uns abgewiesen. Ich fühlte, daß ich nie wieder imstande sein würde, jemanden um etwas zu bitten...

Wir waren todmüde und setzten uns in ein Café auf dem Platz der Mairie. Ich glaube, daß dort eine schöne alte Kathedrale steht. Ich weiß absolut nicht, wie sie ausschaut, obwohl ich sie die ganze Zeit angestarrt habe. Die Aussicht, in der nächsten Nacht kein Bett zu haben, war gewiß nicht schön, aber schließlich gibt es schlimmere Dinge. Was mir Sorge machte, war das Aussehen meines Vaters. Er war völlig gelb. Ich habe ihn später auf der Flucht oft so gesehen und bin jedesmal von neuem erschrocken.

Es wurde spät. Wir überlegten uns, was wir tun könnten. Es schien das beste zu sein, im Bahnhofshotel essen zu gehen, die Nacht im Wartesaal zu verbringen und am nächsten Morgen nach Agen zu fahren.[7] Wir fanden einen Tisch im Restaurant und waren glücklich, daß wir wenigstens eine warme Mahlzeit zu uns nehmen konnten. Gegen zehn Uhr tappten wir über die völlig dunkle Straße, im festen Glauben, die Nacht sitzend im Wartesaal verbringen zu können. Wir kamen auf den düsteren Bahnhof – ich habe noch nie einen so gespensterhaften, unheimlichen Bahnhof gesehen. Ein Lazarettzug war angekommen. Wir konnten zwar auf den Bahnsteig gelangen, aber nicht zum Wartesaal. Jeder Soldat gab uns in zuvorkommendster Weise eine Auskunft, und zwar jeder eine andere. Das sind die berühmten falschen französischen Auskünfte. Als wir sahen, daß der Versuch, die Nacht im Wartesaal zu verbringen, aussichtslos war, verließen wir den Bahnhof.

Wir standen nun wieder auf der völlig dunklen Straße. Ich sah zum Himmel empor; die Sterne blinkten. Ich dachte daran, wie oft ich abends an meinem Fenster gestanden habe, um den Sternenhimmel zu sehen. Damals hätte ich nie gedacht, daß ich einmal unter diesem Sternenhimmel schlafen würde. Ein paar Autos fuhren langsam mit ihren unheimlichen, gespensterhaften blauen Lichtern vorbei. Der Lärm des unsichtbaren Bahnhofes drang zu uns herüber. Die Nacht war kalt, aber schön... Wir gingen langsam zu unserem Café zurück. Was wir dort wollten, weiß ich nicht. Vielleicht dachten wir, daß wir dann wenigstens bis elf Uhr im Warmen sitzen könnten. Wir bestellten uns eine Flasche Mineralwasser, bezahlten dem Kellner dafür 20 Fr. und fragten ihn, ob wir die Nacht im Café verbringen könnten. Er sagte, daß es zwar verboten sei, daß aber jede Nacht Leute in diesem Raum schliefen. In den französischen Cafés stehen die Tische meist an schmalen Bänken mit hoher Rückenlehne. Wir setzten uns auf eine dieser Bänke und dachten, daß das gar nicht so ein übles Nachtlager wäre. Der Zeiger der großen Uhr, die über dem Bartisch hing, rückte langsam auf elf. Die »normalen« Gäste bezahlten ihr Bier und ihren Wein und gingen. Das Licht wurde halb ausgeschaltet. Auf allen Bänken saßen Leute, die so taten, als ob sie ein Stück Möbel seien und ihr ganzes Leben lang in diesem Saal verbracht hätten. Der Hotelier und die Kellner sahen nichts als Stühle, Bänke und Tische. Die Tür konnte also abgesperrt und das Licht ausgelöscht werden...

Ich lag auf einer furchtbar schmalen Bank, ein kleiner Koffer diente mir als Kopfkissen und ein dünner Mantel als Decke. Die Vorhänge waren aufgezogen, und ich dachte an die Geschichte von dem Mann, der in einem Schaufenster schlafen ging. Da wir selber im Dunkeln waren, schien die Straße ganz hell, und man konnte alles sehen, was dort vorging. Ich versuchte, etwas zu schlafen. Aber ich fror entsetzlich, und die Schritte des Portiers, der wohl aufpaßte, daß nichts gestohlen wurde, widerhallten im Saal. Ich traute mich nicht, mich umzudrehen, aus Angst, von der Bank herunterzufallen. Zum erstenmal in meinem Leben dachte ich darüber nach, daß es ein großes Glück ist, ein Bett zu haben, ein richtiges breites Bett mit einer weichen Matratze, weißüberzogenen Kissen und einer warmen Decke. Ich hatte das Gefühl, daß es von nun an so weitergehen würde, daß ich nun mit hineingerissen würde in den Strudel des Krieges und des Grauens. Noch nie ist mir eine Nacht so endlos lang vorgekommen. Ich sah nach der Uhr; es war zwölf. Ich schloß die Augen, bildete mir ein, geschlafen zu haben, und richtete mich auf, in der Hoffnung, daß es nun mindestens drei Uhr sei: Der unbarmherzige Zeiger zeigte 12 Uhr 15. Noch sechs Stunden! Es schien, daß diese sechs Stunden niemals vorübergehen würden. Die Zeiger der Uhr schienen eine Verschwörung gegen uns zu haben; sie rückten einfach nicht weiter. Der Himmel blieb schwarz, und ich gelangte langsam zu der Überzeugung, daß es nicht mehr Tag werden würde. Ich spürte, daß eine Gänsehaut mich überlief. Es war eisig kalt.

Als der Tag graute, meinte ich, daß Wochen vergangen seien, seit ich in dieses Café gegangen war. Man brachte uns einen heißen Kaffee, und als wir um sechs Uhr auf den Bahnhof gingen, schien die Sonne schon. Am Tage sieht alles viel weniger trübe und düster aus als in der Nacht. Ich war sogar fünf Minuten lang guter Laune, bis wir auf den Bahnsteig kamen. Der Bahnhof war natürlich mit Flüchtlingen überfüllt. Als wir auf dem Bahnsteig waren, auf dem unser Zug halten sollte, und uns dort auf unsere Koffer setzten, kam eine Familie mit zwei kleinen Buben an uns vorbei. Die Kinder waren entsetzlich schmutzig und zerlumpt, die Frau hatte eine Schürze an. Wir schenkten den Kindern eine Tafel Schokolade und kamen mit den Eltern ins Gespräch. Sie kamen von der Somme, ihr Haus war niedergebrannt, und sie hatten alles verloren. Ein Kind hatten sie unterwegs im Spital lassen müssen...

Unser Zug kam, und wir stiegen in die 2. Klasse ein. Es war noch sehr früh, und der Zug war noch ganz leer. Wir installierten uns in unserm Coupé. Auf dem Nachbargeleise fuhr ein Zug ein. Es war ein Soldatentransport, der aus Viehwagen bestand. Der Zug fuhr so langsam, daß man hätte neben ihm hergehen können. Infolgedessen konnten wir die Soldaten in jedem Wagen sehen und die Soldaten uns. An diesem Tage bekam ich zum erstenmal Angst. Angst, daß Frankreich untergehen könnte... Ich sah, daß die Soldaten alle zerrissene Hemden und zerlumpte Uniformen hatten, ich sah, in welchem Zustand ihre Schuhe waren, ich sah, wie sie in diesem Wagen untergebracht waren. Es war das erste Mal, daß ich ernstlich auf den Gedanken kam, daß wir doch besiegt werden könnten. Es lief mir kalt über den Rükken. Alles Leid läßt sich ertragen, wenn man ein Ziel vor sich hat, wenn man weiß, warum man leidet. Leid mit Hoffnung läßt sich ertragen, Leid ohne Hoffnung und ohne Glauben ist unerträglich. Ich saß auf meinem Platz und starrte die Soldaten an, die mich angrinsten, und da empfand ich zum erstenmal eine wirkliche kalte Furcht vor dem, das kommen sollte.

Agen, ein Städtchen von ungefähr 30 000 Einwohnern, wird in Frankreich schon als »grande ville« bezeichnet. Ich habe Dörfer gern, aber wenn ein Dorf versucht, wie eine Großstadt auszusehen, ist es nur lächerlich. Agen hat zwei oder drei Hauptstraßen, die ohne jede Krümmung oder Biegung die Stadt durchlaufen. In diesen großartigen Boulevards findet man ein »Magasin au petit Paris«, ein »Café de la Paix«, einen »Marché Parisien« usw. Wenn man von einer dieser Hauptstraßen seitwärts einbiegt, durch ein paar schmutzige Gäßchen geht, kommt man auf einen schönen, breiten, mit Bäumen bewachsenen Platz. Nach neun Monate langem Krieg war man auf den genialen Gedanken gekommen, daß etwas, was einem Luftschutzkeller ähnlich sähe, unter Umständen ganz angebracht sei. So konnte man in den schönen Tagen des späten Mai 1940 unter dem blauen Himmel Südfrankreichs mit Schaufel und Spaten bewaffnete Männer sehen, die sich daranmachten, auf jenem Platz die Erde auszuheben. Als die Gräben so tief waren, daß ein erwachsener Mann darin stehen konnte, schienen sie mit sich, der défense nationale, der Stadtverwaltung und dem Rest der Menschheit sehr zufrieden zu sein und konnten mit dem schönen beruhigenden Gefühl nach Hause gehen, daß die Stadt Agen für jede Eventualität vorbereitet sei. Auf den Gedanken aber, daß es vielleicht nicht schaden würde, die Gräben zu betonieren und ein Dach darüber zu machen, kam niemand. Man kann die dafür Verantwortlichen nur beglückwünschen, dem Staate soviel Geld gespart zu haben. In Agen ist nie ein Schuß gefallen. Der besagte Platz hat noch eine andere Sehenswürdigkeit, eine Sehenswürdigkeit, die verdienen würde, als Symbol der dritten Republik zu gelten: Auf dem Platz steht ein schönes altes Palais mit einem hübschen Vorgarten. Über dem Portal kann man in eleganten Buchstaben folgende Inschrift lesen:

Agen ist aber auch noch in anderer Beziehung sehenswert. Es gibt in dieser großen Stadt ein Mädchen- und ein Knabenlyzeum, ein »bains-douches«, ein Theater, einen Bahnhof, eine Bibliothek, eine Gendarmerie, hundert Polizeistellen, wo man auf jeder andere Auskünfte und Instruktionen bekommt, eine Kanalbrücke und ein großartiges Warenhaus. *C'est une grande ville! Q'est-ce que vous voulez?*
Wir kamen gegen elf Uhr früh in Agen an. Wir gaben unsere Koffer in der *Consigne* ab, um uns auf eine wahrscheinlich erfolglose Wohnungssuche zu machen. Ich ging geradewegs auf das Bahnhofshotel zu. Meine Eltern dachten, daß ich verrückt geworden sei. Ich ging aber ins Büro und verlangte mit der größten Selbstverständlichkeit der Welt ein oder mehrere Zimmer mit drei Betten. Die Wirtin setzte sich eine Brille auf, blätterte in einem Buch und sagte schließlich, daß sie im obersten Stock drei Zimmer mit je einem Bett habe. Wir fielen ihr beinahe um den Hals. Wir mieteten sofort, gaben der Wirtin unseren Gepäckschein, und sie versprach uns, daß die Zimmer um ein Uhr aufgeräumt und die Koffer abgeholt sein würden. Als wir nun die Gewißheit hatten, daß wir nun wieder die Nächte im Bett verbringen würden, verloren wir auf einmal alle Müdigkeit und beschlossen, uns die Stadt anzusehen, dann zu Mittag zu essen, um ein Uhr ins Hotel zurückzukehren und dann zu schlafen. Ich sah mir Agen von dem Gesichtspunkt an, daß ich vielleicht bis zum Ende des Krieges dort bleiben müßte (diese Vermutung erwies sich als richtig, nur kam das Kriegsende früher als ich dachte...), und fand, daß Paris zwar etwas größer und schöner sei, daß es sich aber in Agen aushalten ließ.
Wir schlenderten also umher und blieben vor einem Geschäft stehen, um Erdbeeren zu kaufen. (Ich habe nirgends so wunderbares Obst gesehen wie in Agen.) Plötzlich sah ich auf der anderen Seite der Straße drei andere Spaziergänger: einen langen Mann, eine nicht weniger lange junge Frau und eine ältere Dame. Sie waren nicht zu verkennen: Breitscheids. Sie machten uns die sehr angenehme, aber leider etwas zu spät kommende Entdeckung, daß sie ein Zimmer für uns reserviert hatten und gedacht hatten, daß wir noch in der Nacht ankommen würden. Hätten sie uns in Paris diese edle Absicht mitgeteilt, wäre es vielleicht praktischer gewesen, aber *tant pis*! Ihre nächste Frage war, ob wir schon auf der Polizei gewesen wären. Wir teilten ihnen mit, daß wir erst eine Stunde lang die Luft von Agen einatmeten

und daß wir mit keiner anderen Absicht gekommen seien, als zu schlafen. Darauf nahmen sie uns unter den Arm und schleppten uns auf die Préfecture. Unsere schwachen Versuche zu protestieren halfen nichts. Nun – es war übertrieben, aber schließlich doch ganz nützlich, daß sie sich schon auskannten. Es war sehr nett von Breitscheid, uns zur Préfecture zu führen. Auf der Schwelle meinte er aber, daß die frische Luft seiner Gesundheit besser zuträglich wäre als die stickige Luft in der Préfecture, und er zog es vor, draußen zu bleiben.

Am Schalter saß eine Hexe, die uns giftige, grüne Blicke zuwarf... Unsere Papiere waren aber leider in Ordnung, und wir konnten bald mit erleichtertem Herzen das Lokal verlassen. Breitscheids schlugen uns vor, in ihrem Hotel zu Mittag zu essen, schärften uns aber ein, daß wir nicht deutsch sprechen dürften. Die Mittagsstunde ist eine gesegnete Zeit in Frankreich. Die Straßen sind verlassen, ein süßer Friede liegt über dem ganzen Land, und in jedem Haus sieht man einen gedeckten Tisch mit Speisen und Weinflaschen und eine vergnügt kauende Familie. Natürlich war der Speisesaal überfüllt. Die Wirtin versprach, uns einen Tisch in einem kleinen Raum zu decken. Wir setzten uns also auf eine Bank vor dem Hotel. Mein Vater beging nun die Unvorsichtigkeit, Breitscheid zu sagen, daß er vor einem Problem stehe, nämlich der Unterbringung der in Paris Gebliebenen. Da entwickelte sich eine erhitzte Diskussion. Breitscheid sagte, daß es ganz unmöglich sei, daß so viele Deutsche auf einmal in dieses Nest kommen. (Ein Prozent recht hatte er.) Dann setzte er aber auseinander, daß der Aufenthalt in Agen weit gefährlicher sei als der in Paris, daß die Leute in Paris viel sicherer seien als wir in Agen, und erklärte, er würde nicht einen Finger rühren, um uns zu helfen, die Leute unterzubringen.

Wir setzten uns alle in einer ausgezeichneten Stimmung zu Tisch. Als die Wirtin, die übrigens sehr nett war, das Dessert auftrug, fragte sie: »De quelle nationalité êtes-vous, monsieur?« Breitscheid hatte große Mühe, das, was er im Mund hatte, aufzuessen, und sagte schließlich: »nous... mes amis sont tchécoslovaques!«[9]

Es war zwei Uhr, als wir ins Hotel Jasmin-Terminus zurückkehrten. Wir kraxelten über hundert Gänge und Treppenhäuser in unsere Zimmer. Es waren drei winzige Stübchen mit riesigen Betten – es kam uns vor wie ein Paradies. Die Koffer waren auch da! Ich wollte mich gerade auf mein Bett werfen, um den langverdienten Schlaf zu genießen, als mein Blick auf meine Koffer fiel. Wie von einer Nadel gestochen fuhr ich empor. Der eine der beiden Koffer gehörte nicht mir. Aufopferungsbereit, wie ich war, sagte ich meinen Eltern, daß sie schlafen gehen sollten und daß ich die Sache in Ordnung bringen würde. Ich rief ziemlich wütend den Hausdiener, der zu allem Überfluß Spanier war und kaum Französisch konnte, und sagte ihm, daß er den Koffer zur Consigne bringen sollte. Auf der Consigne war eine dicke alte Frau, der ich den Fall erklärte und sie bat, mir zu meinem Koffer zu verhelfen. Die dicke Frau rief einen Mann in Uniform zur Hilfe, und der Mann in Uniform holte einen Mann in Zivil. Der Mann in Zivil bat mich, meine Eltern zu rufen. Ich war wirklich wütend, als ich durch die endlosen Gänge zu unsern Zimmern zurücklief. Mir taten meine Eltern leid, die so müde waren. Der Mann in Zivil erwartete uns und stellte uns Fragen, die mit unserm Koffer gar nichts zu tun hatten. Er wollte wissen, welcher Nationalität wir seien, von wo wir kämen, was wir in Agen machten, warum wir nach Agen gekommen seien, usw. Wären wir von normalen geistigen Fähigkeiten gewesen, hätten wir uns gewundert. Wenn man aber einen Tag im Zug sitzt, die darauffolgende Nacht nicht schläft, wieder einen halben Tag im Zug verbringt, dann auf die Préfecture geschleppt wird, wundert man sich über gar nichts mehr. Als wir zum Schluß etwas ungeduldig wurden, forderte uns der Zivilmensch auf, zur »Police Spéciale« zu kommen. Später entdeckten wir dann, daß es in jedem größeren Ort auf dem Bahnhof eine Police Spéciale gibt.

In Agen besteht das Büro aus einem winzigen Zimmer, Schränken mit Akten, einem Schreibtisch, ein paar Stühlen, einem Papierkorb, Beamten und einem Durcheinander. Das Ganze wäre ein lustiges Abenteuer gewesen, wenn mein Vater nicht in so einem schrecklichen Zustand gewesen wäre. Er war völlig erschöpft und machte mir wirklich angst. Der Commissaire spécial, der zur Zeit, wo wir in Agen waren, amtierte, war ein großer Mann mit breiten, wunderbar ausgestopften Schultern, einem Schnurrbart, der bei jedem Wort zitterte, kleinen braunen Augen, Respekt einflößendem Blicke und scharfer Nase. Er maß uns mit prüfendem Blick, fand zunächst, daß er wichtigere Dinge zu tun hatte, als sich mit unserm Fall zu beschäftigen, bot uns Stühle an und ließ uns warten. Unser Mann in Zivil fand aber, daß es gefährlich sei, Leuten wie uns einen Einblick in das französische Polizeisystem gewinnen zu lassen, und erinnerte den Allmächtigen an die Dringlichkeit des Falles. Seine Hoheit sah das ein, und nun begann das denkwürdigste Verhör, das ich je erlebt habe.

Mein Vater saß auf seinem Stuhl, völlig gelb. Er war furchtbar nervös und konnte nichts verstehen. Der Kommissar stellte Fragen, hörte die Antwort nicht an, sprang plötzlich auf, um mit einem Mann zu reden, der die Erlaubnis haben wollte, ein »camion« zu fahren, verlangte unsere *carte d'identité*, legte sie weg, sprach mit einem Beamten, beschäftigte sich mit einem Dritten, der in der Tür stand, stellte wieder eine Frage, blätterte in seinen Akten, und auf einmal kam ein Beamter herein, der zu unserer größten Verblüffung unseren Koffer brachte. Nun wurde die Sache ernst. Der Kommissar schickte alle anderen Leute weg, nur ein paar Beamte, die sich sehr für die kommenden Dinge zu interessieren schienen, blieben. Der Koffer wurde auf den Tisch gestellt, der große Mann sah uns mit einem Blick an, als wolle er wissen, was wir zu Mittag gegessen haben, und sagte mit lauter, kraftvoller Stimme: »*Avez-vous des lettres dans cette valise?*« Da mein Vater keine Ahnung hatte, was in dem Koffer war, und meine Mutter ihn gepackt hatte, wandte er sich an sie. Meine Mutter sagte, daß sich keine Briefe in diesem Koffer befänden. Die Beamten lächelten alle. Der Kommissar kniff die Augen zusammen und fragte in scharfem Tone: »*Etes-vous sûre?*« – »*Oui*« war die Antwort. »*Ouvrez la valise!*« Der Koffer sprang auf, und ganz oben, man brauchte nichts hochheben, um es zu sehen – lag ein Stoß Briefe. Uns wurde eine Sekunde lang schwarz vor den Augen. Der Kommissar nahm einen der Briefe, und obendrauf stand: GERMAN LABOR DELEGATION.[10]

Mein Vater, der die ganze Zeit halb geschlafen hatte und überhaupt nicht ganz begriffen hatte, was eigentlich vorging, wachte auf einmal auf und konnte plötzlich Französisch. Er hielt den erstaunten Beamten, deren Miene langsam zuckersüß wurde, eine Rede. Er erklärte, wer er ist, was es für eine Bewandtnis mit der German Labor Delegation hatte, beklagte sich über die Behandlung, die den Freunden Frankreichs zuteil wird, und holte eine Empfehlung von Pierre Comert[11] aus seiner Brieftasche.

Die Beamten waren auf einmal reizend, klappten unsern Koffer zu, entschuldigten sich tausendmal. Ein Beamter kam mit uns, um uns durch alle Bahnhofswachen zu geleiten, schüttelte uns die Hand und sagte: »*Nous sommes amis. Mais, nous avons du prendre nos précautions. Qu'est-que vous voulez. C'est la guerre!*« Es war halb fünf, als wir endlich, mehr tot als lebendig, in unsere kostbaren Betten krochen.

Complice Mazel

Wir waren auf der Wohnungssuche. Es ist ja nur eine Kleinigkeit, in der Zeit einer Massenflucht Unterkunft für 10 bis 15 Menschen zu finden! Wir liefen, ohne Erfolg zu haben, von einer Agentur zur anderen. Bei solchen Gelegenheiten stolperten wir natürlich oft über Breitscheid und bekamen zu hören, wie gefährlich der Aufenthalt in Agen sei und daß wir total verrückt seien. Nun schön. Es ist keine sehr angenehme Beschäftigung, sich den ganzen Tag den Kopf zu zerbrechen, was man tun wird, wenn ein Dutzend Leute kommen, von denen fast keiner Französisch kann. Eines Tages studierten wir also wieder das Schaufenster einer Agentur und fanden dort den folgenden Zettel: *Belle maison meublée à louer. Située au bord de la rivière, 8 chambres, dix lits, 1000 Fr par mois; à 60 km d'Agen.* Der Mann, der die Agentur leitete, ein M. Barbin, ist der Typ des Südfranzosen, der vor Höflichkeit und Schmeichelei übersprudelt und einen Spatzen vom Dach herunterreden kann. Wir machten mit ihm aus, daß wir am folgenden Sonntag mit einem Taxi nach Complice Mazel fahren würden, um dann das Haus eventuell zu mieten. Eine Taxifahrt dorthin kostete zwar nur 150 Fr, M. Barbin brauchte sie aber nicht zu bezahlen und faßte die ganze Sache als einen vergnügten Sonntagsausflug auf. Zunächst ließ er uns eine Viertelstunde warten, dann brachte er seine Sekretärin mit, bedauerte, daß für seinen Sohn im Auto kein Platz mehr sei. Wir fuhren also los, und M. Barbin redete, gestikulierte, schrie, fuchtelte in der Luft herum und fand das Leben herrlich. Hätte ein Fremder der Unterhaltung zugehört, hätte er gedacht, daß M. Barbin zumindest mit uns verheiratet sei.

Die Umgebung von Agen ist entzückend, der Tag war herrlich schön, M. Barbin sprühte oder besser spuckte Geist, und so kamen wir nach einstündiger Autofahrt an einen Wegweiser, auf dem stand: Complice Mazel. Wir fuhren einen Wiesenweg hinunter und hielten vor einem Kuhstall. Ich bedauerte, daß ich nicht zehn Jahre jünger war. Zu jener Zeit war nämlich der liebliche Duft, der einem Kuhstall entströmte, das höchste der Gefühle für mich. Mit pünktlicher französischer Schlamperei war natürlich der Schlüssel des Hauses (des Wohnhauses, nicht des Kuhstalls) nicht da. Man mußte erst, auf unsere Kosten natürlich, ein Dienstmädchen mit dem Taxi ins nächste Dorf schicken, wo jemand wohnte, der die Schlüssel hatte. Wir hatten also Zeit und Muße, uns unter der Führung von M. Barbin das Grundstück anzusehen. Es war immer mein Wunsch gewesen, einmal so zu wohnen. Ich glaube aber, nur eine Woche lang. Complice Mazel ist ein ganz einsames Haus, umgeben von einem hübschen Park mit wundervollen alten Linden und Blumenwiesen, unmittelbar am Fluß gelegen. Es muß idyllisch sein, dort zu leben, vorausgesetzt, daß man sich die Gesellschaft aussuchen kann. Das Mädchen brachte die Schlüssel (vielleicht war sie zum erstenmal im Auto gefahren), und nun betrat ich das entzückendste Landhaus, das ich je gesehen habe. Der untere Stock bestand aus einer großen Halle, einem Speisezimmer mit einem Kamin, das mit reizenden Bauernmöbeln eingerichtet war, und einem Salon, der in das eleganteste Stadthaus passen würde. Im oberen Stock waren die Schlafzimmer. Das Ganze schien uns wie ein Traum. Wir traten sofort die Heimfahrt an, um noch am gleichen Tag den Mietvertrag abschließen zu können. M. Barbin schlug uns vor, am Tage des Sieges ein großes Wasserfest in Complice Mazel zu veranstalten und ihn dazu einzuladen.

Der Mietvertrag

M. Barbins »*Agence*« lag im Parterre eines kleinen Hauses in einem der krummen dunklen Gäßchen von Agen. Die Luft in dem Raum war kalt und dumpf, schien aber in diesen heißen Sommertagen angenehm erfrischend. Die Wände waren voll von Regalen mit Akten, und die Tische waren mit Papier bestreut. Neben einem alten, rostigen Ofen stand eine Bank. Wir nahmen dort Platz, M. Barbin lief im Zimmer herum und diktierte seiner Sekretärin den Vertrag. Zweimal irrte er sich, zweimal mußte sie von neuem beginnen. M. Barbin schien sich in unserer Gesellschaft so wohl zu fühlen, daß er sie endlos hinauszuziehen zu wünschen schien. Unterdessen kam ein junger Mann in geistlicher Kleidung herein: *l'Abbé, fils de M. Barbin.* M. Barbin unterbrach, stellte seinen Sohn dem cher M. »Stonfère« vor, erzählte ihm ausführlich, wie schön es in Complice Mazel gewesen sei, und wandte dann schließlich seine Aufmerksamkeit wieder der Sekretärin zu. Schließlich war das Wunderwerk vollbracht: Es bestand aus einem Original und zwei Durchschlägen. M. Barbin nahm feierlich Platz, ergriff mit einer großartigen Geste die Feder, tauchte ein, setzte an, tauchte noch mal ein, bemerkte, daß das Datum noch nicht geschrieben war, sah nach dem Kalender und legte seine Stirn in sorgenvolle

Falten. Plötzlich erhellte sich seine Miene, er wandte sich an meinen Vater und sagte lächelnd: *»Vous voyez, Monsieur, notre religion nous défend de travailler le dimanche. Alors je mettrai la date de demain.«* Während ich zum »Abbé« hinüberblinzelte, der mit friedlichen Zügen in ein Buch vertieft zu sein schien, sich absolut in himmlischen Sphären befand und von dieser irdischen Welt keine Notiz nahm, setzte M. Barbin mit Siegermiene seinen Namen in wundervollen, kunstvoll verschlungenen Zügen unter dieses historische Dokument. Auch wir gingen an jenem Abend mit erleichtertem Herzen nach Hause.

Du sollst den Tücken und Schlichen des Schicksals nicht trauen! Heute bringt es dir die Erfüllung deiner Wünsche, und morgen nimmt es sie dir. Heute glaubst du am Ziele zu sein, und morgen bist du dort, wo du angefangen hast. Einen Tag nachdem der Herr Zirkusdirektor[12] sich der schweren Aufgabe, seinen Scharen Unterkunft zu verschaffen, entledigt sah, erhielt er ein »*mot*« von M. Barbin, daß der Unterzeichnete ihn bitte, sofort zu ihm zu kommen. M. Barbin empfing ihn fast weinend, beklagte das Unglück seines teuren Freundes, *»de ce pauvre cher Monsieur Stonfère«* in herzzerreißenden Worten, und nach dem Ablauf einer geraumen Zeitspanne konnte der Herr Direktor zu dem Schluß kommen, daß der stolze Besitzer von Complice Mazel sich weigere, Deutsche in seinem Haus aufzunehmen. Von M. Barbins Tränen betaut, schlich der Herr Zirkusdirektor mit hängendem Kopf nach Hause.
Ich gönne jedem Menschen sein Glück, nur Breitscheid habe ich an jenem Abend seine Freude nicht gegönnt.

Abenteuer

Der Speisesaal im Hotel Jasmin-Terminus war für mich verhängnisvoll. Dort geschahen immer die für mich aufregendsten Dinge. Einige Tage nach dem Bombardement von Paris saßen wir dort und warteten auf das Mittagessen. Plötzlich ging die Tür auf und herein kamen: Anna und Lily Geyer. Ich kann mich noch so gut an folgendes erinnern. Als wir ein paar Monate in Prag waren, kam ich einmal aus der Schule nach Hause. Ich klingelte, mein Vater machte mit einer merkwürdigen, geheimnisvollen Miene die Tür auf.[13] Ich ging in die

Küche, und dort saßen – ich weiß noch, auf welchem Fleck – Anna Geyer und Lily. Als Geyers im Winter 1937 Prag verließen und wir dachten, daß wir in Prag bleiben würden, schrieb die damals zehnjährige Lily in mein Poesiealbum: »Unser ganzes Leben sind wir Hand in Hand gewandert. Nun, da ich Prag verlasse, hoffe ich, daß es keine lange Trennung werde.«

Wir sind ihnen nach Paris gefolgt und sie uns nach Agen. Wir saßen uns gegenüber beim Mittagstisch in unserer dritten Emigration, vielleicht in dem ungewissen Gefühl, daß eine vierte bald folgen würde. Anna Geyer war mit Fuchs gekommen, alle anderen, bis auf die inzwischen aus dem Lager entlassenen Männer und die Familie Vogel, sollten am nächsten Tag ankommen. Durch einen glücklichen Zufall fanden wir ein Zimmer für Geyers und hofften, daß wir am folgenden Tage die anderen im Städtchen verteilen könnten.

X ist ein junger, schöner Gott, der von allen Mädchen angebetet wird.

Er ist ein kleiner, jüdisch aussehender Mensch, mit einer ungeheuren fliehenden Stirn, einer an Umfang nicht weniger bedeutenden krummen Nase. Da der liebe Gott ihm soviel Stirn und Nase gegeben hatte, dachte er vielleicht, daß er am Kinn sparen könnte, was er an der Nase zuviel gegeben hat. Infolgedessen hat X kein Kinn bekommen. Er hat zwei merkwürdig verschwommene Augen, die furchtsam in die Welt hinausblicken. Wenn man mit X zu Mittag ißt, kann es passieren, daß X plötzlich Zähne spuckt. Der arme Kerl hat ein schlecht sitzendes Gebiß, das ihm bei jeder Gelegenheit aus dem Mund fallen kann. Er ist nun einmal ein Unglücksrabe. Er stolpert über jeden Stuhl, entschuldigt sich bei jeder Gelegenheit, daß er auf der Welt ist; die schlimmste seiner Eigenschaften ist aber wohl die, daß kein Polizist oder Gendarm an ihm vorbeigehen kann, ohne ihn zu verhaften.

Anna Geyer war einen Tag nach ihrer Ankunft auf dem Weg zur Polizei, um der Pflicht aller Ausländer, sich dort zu melden, brav und artig nachzukommen. Agen hat nun, wie alle Kleinstädte, die Annehmlichkeit, daß man nicht drei Schritte machen kann, ohne sämtliche Bekannte zu treffen. Sie hatte kaum die Schwelle ihres Hotels überschritten, als jemand über ihren Fuß stolperte: X. X war auch auf dem Wege zur Polizei, und so beschloß man, den Weg zusammen zu machen. Plötzlich sah unser Pärchen von weitem die Knöpfe eines Gendarmen in der Sonne blinken. Anna Geyer bemühte sich, so unschuldig wie möglich auszusehen, X machte verzweifelte Anstrengungen, normal auszusehen; der Adlerblick des Gendarmen glitt über Anna Geyer und blieb auf dem armen X haften wie eine Klette. »*Vos papiers, s'il vous plaît.*« *Carte d'identité* und *sauf-conduit* hatte man, nur war man noch nicht angemeldet, und wie konnte man dem Gendarmen beweisen, daß man gerade auf dem Weg zur Polizei war? Die Bewohner von Agen konnten also im strahlenden Mittagssonnenschein am Anfang des Monats Juni sehen, wie eine Frau, ein kleiner Mann, der jeden Baum umarmte, in der Begleitung eines Gendarmen zur Polizei gebracht wurden. Jedem, der ein bißchen Grips hatte, ging ein Licht auf: *5ème colonne!*

Auf der Polizei wurden die beiden verdächtigen Spione getrennt verhört, und der armen Anna Geyer schwirrten unaufhörlich die Worte um die Ohren: Gefängnis für sie und Waisenhaus für Lily. Gott allein weiß, was mein Vater ausgerechnet an diesem Tag auf der Polizei zu suchen hatte. Er sah Anna Geyer dort sitzen, ging auf sie zu, ahnungslos und unschuldig, und schüttelte ihr die Hand: Er gab also offen seine Mitschuld zu erkennen, und ehe er wußte, was mit ihm geschah, war er schon verhaftet!

Wenn alle deutschen Spione so gescheit sind und so unauffällig arbeiten, kann ich Hitler gratulieren!

Die Polizisten steckten die Köpfe zusammen und fanden, daß der Fall so kompliziert sei, daß er nur auf der Police Spéciale am Bahnhof entschieden werden konnte. »*A quelque chose malheur est bon*«, dachte mein Vater, als er auf den Bahnsteig kam. Auf der Police Spéciale kannte man ihn schon mehr als gut. Triumphierend überschritt er die Schwelle des wohlbekannten Büros, sicher, nach fünf Minuten genauso glücklich herauszukommen. »Bonjour Messie...« Weiter kam er nicht. Die Beamten hatten gewechselt. Decken wir den Schleier der Barmherzigkeit über den Rest dieser Szene.

Der Zirkus

Als ich etwa sechs Jahre alt war, gab es für mich kein größeres Vergnügen, als in den Zirkus zu gehen. Ich träumte davon, entweder Löwendompteuse oder Kunstreiterin zu werden. Später lachte ich oft über diese kindlichen Wünsche, bis ich eines Tages bemerkte, daß ich ein unfreiwilliges Mitglied eines Zirkusses war. Unser Zirkus war zwar etwas anders als Zirkus Hagenbeck, war aber auch wert, aufzutreten. Wir hatten die merkwürdigsten Tiergattungen.

No 1 litt an Tollkühnheit und Mutanfällen;

No 2 sieht aus wie ein herziger kleiner Teddybär und war oft am Verhungern, weil er das hilfloseste Geschöpf unter der Sonne ist.

No 3 schaut aus wie ein Kaninchen; man kann in ihm Herrn X erkennen.

No 4 litt an Geistesschwäche und war der Meinung, daß man am besten mit der ganzen Welt berlinert.

No 5 und 6 waren einer gewissen Flüssigkeit sehr zugetan.

No 7 war der Berühmteste.

No 8 der Gefährdetste.

No 9 der Vornehmste.

No 10 der Wichtigste.

Mein Vater schien für alle verantwortlich, um alle besorgt und der Direktor des ganzen Unternehmens. Zwei Tage, nachdem Anna Geyer angekommen war, kamen sie alle anspaziert: mit Koffern und Bündeln und Regenschirmen und Hutschachteln und Rucksäcken. Es war uns mit Frau Geyers Hilfe gelungen, Zimmer für alle aufzutreiben; wie wir das gemacht haben, weiß ich nicht mehr. Ich habe mir bei der Gelegenheit Anna Geyers Todfeindschaft zugezogen, weil ich Frau Y in ihr Hotel abschob. Es hat sich noch nie ein Mensch so aufrichtig über etwas gefreut wie Breitscheid. Er war glücklich. Da ich in X sterblich verliebt bin und Frau Y vergöttere, konnte ich es ihm ein bißchen nachfühlen. Das von Breitscheid prophezeite goldene Zeitalter folgte nun. Wie man nach Hause kam, fand man eine »*convocation*« von der Polizei. Da niemand Französisch konnte, verbrachte mein Vater seine Zeit bei den Behörden. Unterdessen kamen die Leute, die im Lager gewesen waren, an, und wir wurden vollzählig.

Eines schönen Tages oder besser eines schönen Abends um sieben Uhr kam ich aus meinem Zimmer herunter. Ich kam am Büro vorbei, der Hotelier rief mich und zeigte mir eine Verordnung des Bürgermeisters, daß alle Ausländer die Hotels von Agen zu räumen hatten. Er machte mir damit bekannt, daß wir noch am selben Abend unsere Zimmer zu verlassen hätten. Glücklicherweise wird der Brei bei den Franzosen nicht sehr heiß gegessen. Innerhalb von zehn Minuten hatten wir den Wirt umgestimmt und bekamen die Erlaubnis, noch eine Nacht in seinem Hotel zu bleiben. Nun schien die Sache wirklich ernst zu werden. Frau Wels lag krank im Bett. Sie hatte einen schlimmen Abszeß am Bein, und der Arzt hatte ihr streng verboten, sich zu rühren. Meine Mutter pflegte sie. Wir schilderten dem Hotelier unsere Lage, und er sagte, daß er uns gern behalten würde, wenn wir eine Erlaubnis von der Mairie bekämen. Wir zogen zur Mairie, sehr erfreut, eine neue Behörde kennenlernen zu dürfen, denn dort waren wir noch nicht gewesen; man verweigerte uns die Erlaubnis. Wir gingen, keineswegs aufgeregt, zurück ins Hotel. Wir wußten genausogut wie der Wirt, wie eine französische Verordnung zu nehmen ist. Es war überhaupt nicht mehr die Rede von den Zimmern, und ein paar Tage später wurde ein neuer Ausländer in unserem Hotel aufgenommen. Viel Lärm um nichts.

Der 13. Juni 1940

Die Schicksalsstunde schlug. Der Boden dröhnte unter dem Getrampel der Eroberer. Eine eisige Stille lag über Paris. Ohnmächtig war die stolze Stadt, die historische Hauptstadt Frankreichs. Leer und verlassen lag sie da, eine tote Hülle. Am 13. Juni 1940 nahm die Armee der Barbaren Besitz von Paris. Die Feste der demokratischen freien Welt war gefallen. Die deutschen Tanks rollten über die Champs-Élysées. Dem Fall von Paris folgte der Fall Frankreichs. Ohnmächtig und hilflos sah Paris die Hakenkreuzflagge auf dem Eiffelturm wehen. Gedemütigt und erniedrigt wartet Paris auf den Tag der Erhebung, den Tag der Rache und der Befreiung.

Armistice

Es war am 17. Juni 1940. Wir saßen beim Mittagessen. Ein Bekannter kam an unseren Tisch.
»Wissen Sie schon?«
?
»Waffenstillstand!«
Es ist interessant zu beobachten, wie langsam der menschliche Geist unter Umständen arbeiten kann. Seit Wochen wußte ich, daß die Lage furchtbar schlecht war. Seit Wochen wußte ich, daß die Franzosen jede Schlacht verloren. Seit Wochen wußte ich, *»que l'ennemi est*

supérieur en nombre«. Paris war gefallen. Die Italiener waren in den Krieg eingetreten. Auf einmal wurde mir das Wort »Waffenstillstand« entgegengeschleudert. Mir war, als höre mein Herz auf zu pochen. Ich begriff nicht. Waffenstillstand. Waffenstillstand. Was bedeutet das? Hat Frankreich den Krieg verloren? Hat Hitler gesiegt? Ist nun alles vorbei? Langsam, ganz langsam, als mein Blut in den Kopf zurückströmte, fing ich an zu erfassen, was geschehen war. Es war nicht nur mein geliebtes Frankreich, das erniedrigt zusammengebrochen war; es war nicht nur ein einziges Volk, über das Elend und Unglück hereingebrochen war; der jahrhundertelange Kampf zwischen den beiden Mächten, Freiheit und Sklaverei, war entschieden worden.

Am Horizont steht eine schwarze Wolke – sie kriecht über den Himmel – der letzte Sonnenstrahl wird verdeckt – und nun ist alles schwarz, schwarz, schwarz... Ich starre auf mein Essen, das unberührt vor mir steht. Der Speisesaal ist voll. Es ist ungewöhnlich still, aber alle essen. An einem Tisch sitzt ein Offizier, der laut und aufgeregt spricht. Eine Frau weint. Und alle anderen essen. Die Wirtin kommt an unseren Tisch. *»Vous savez? Qu'est-que vous voulez? On aura la paix...«*

Großer Gott! Spricht die Stimme des französischen Volkes aus dem Munde dieser Frau? Dann ist Frankreich – tot.

Vor dem Hotel ist eine Gruppe aufgeregter Soldaten. An anderen Straßenecken stehen Leute, die diskutieren. Am Abend ist die Stadt genauso ruhig wie zuvor. Am Tage der Waffenstillstandsbitte hat fast niemand in Frankreich »begriffen«. Die Leute dachten nur daran, daß jetzt Friede sei. – Im Panthéon befindet sich eine berühmte Skulptur, unter der steht:

> VIVRE LIBRE OU MOURIR
> *Gloire à notre France éternelle*
> *Gloire à ceux qui sont morts pour elle*
> *Aux vaillants! Aux martyrs! Aux forts!*

Frankreich – wirst Du erwachen?

Angst

»Die Deutschen sind über Clermont-Ferrand bis nach Lyon gestoßen und dringen weiter durch das Rhônetal zum Mittelmeer.« Unser Hotel hatte kein Radio. Aber neben dem Hotel war ein Obst- und Gemüsestand, und die Verkäuferin hatte ein Radio. Jeden Tag fanden sich etwa fünfzig Menschen ein, die die Nachrichten anhören wollten. Es waren meistens Soldaten. Wir kannten einander schon. Das gemeinsame Leid vereinte uns. Jeden Abend wurden die Nachrichten schlechter und unsere Mienen düsterer. Es waren alles einfache Soldaten. Manche waren nicht mehr ganz jung und hatten schon einen anderen Waffenstillstand erlebt. Es war noch keine Antwort Hitlers auf Pétains Bitte[14] bekannt. Warum auch? Die Deutschen hatten keine Eile. Die harte, unerbittliche Stimme des Ansagers verkündete, daß die Deutschen immer mehr ins Land eindrängen und daß die Maginotlinie[15] halte.

Oft stand ich vor der Landkarte und versuchte zu schätzen, wieviel Kilometer die Deutschen von Agen entfernt seien. Zum erstenmal kam mir der Gedanke, daß wir persönlich in Gefahr kommen könnten. Langsam kroch die Angst über das Land und umwickelte uns wie eine feuchte, kalte Schlange. Langsam kam die Furcht in unser Herz und raubte uns den Atem. Die Emigranten fingen an, wahnsinnig zu werden. In unserem Hotel wohnte ein Berliner Arzt, den ich in Paris kennengelernt hatte. Ich ging einmal die Treppe hinunter und traf Dr. Glaser, der keuchend herauflief.

»Die Deutschen kommen, die Deutschen kommen...«

»Woher wissen Sie das?«

»Die Offiziere sehen so besorgt aus, und die blonde Dame, die unten im Café sitzt, hat vorhin Andeutungen gemacht...«

Wäre ich selbst in einem besseren Nervenzustand gewesen, hätte ich dem Herrn Doktor geraten, sich schleunigst in ärztliche Behandlung zu begeben. Obwohl mein geistiger Zustand noch einigermaßen normal war und ich furchtbar wütend über soviel Nervenschwäche war, war ich aufgeregt. Glaser war verrückt, aber schließlich konnte es ja morgen wahr werden.

Der Präfekt vom Département Lot-et-Garonne fand, daß es nicht gut sei, soviel Deutsche in Agen zu behalten. Ein Teil »unserer Leute« wurde in ein kleines Dorf namens Tonneins geschickt, und in Agen blieben nur noch wir, Frau Wels, Rinners, Leebs und Fuchs. Breitscheid hatte uns erklärt, daß er nicht daran denke, sich mit diesen Leuten in ein Dorf zu setzen, und daß er versuchen werde, in die Pyrenäen zu fahren.

Einen Tag nach der »demande d'armistice« hielt ein Auto vor dem Hotel Jasmin-Terminus. Schiffs waren gekommen.[16] Sie waren in Clermont-Ferrand gewesen und hatten diesen Ort ein paar Stunden vor Ankunft der Deutschen verlassen. Sie waren auf dem Weg nach Bordeaux und wollten versuchen, mit einem Kriegsschiff nach England zu kommen. Zu allem Überfluß war ihnen etwas am Auto passiert, und Schiff mußte eine Garage suchen, wo das Auto so schnell wie möglich repariert werden konnte. Schiff ist einer der wenigen Emigranten, die in jener Zeit nicht den Mut verloren haben und sich wie Männer benahmen. Das Auto sollte am nächsten Morgen repariert sein. Am Abend kamen Schiffs noch einmal zu uns herüber. Trübselig saßen wir beieinander. »Wir werden für euch alles tun, was in unseren Kräften steht«, sagte Schiff. Else Schiff packte für mich ein Geburtstagsgeschenk aus. In ihrer einfachen, rührenden Art sagte sie: »Wir sind in guten Zeiten Freunde gewesen und werden es auch in schlechten sein.« Dann gingen sie. *A bientôt et bonne chance!*

Tatjana[17]

Der Speisesaal im Hotel Jasmin-Terminus...

Es war am 19. Juni, einen Tag nach der Ankunft von Schiffs. Wir setzten uns zum Essen. Ich saß der Tür zugewandt. Als der Kellner die Vorspeise brachte, ging die Tür auf. Mir stockte das Blut. Herein kamen ein Mann in den Vierzigern und ein junges Mädchen mit langen blonden Haaren und hellblauen Augen. Gewöhnlich freut man sich, wenn man Menschen, die man liebt und in Gefahr weiß, unverhofft wiedersieht. Aber in den zwei Sekunden, die ich brauchte, um von meinem Platz zur Tür zu kommen, schoß mir ein entsetzlicher Gedanke durch den Kopf. Ich nahm sie hinauf in unser Zimmer. Und als ich sie, die so Inniggeliebte, in meinen Armen hielt, wußte ich nur noch, daß ich sie wiederhatte. Mochte kommen, was wolle, mögen die nächsten Minuten eine grauenhafte Enttäuschung bringen, in dieser Sekunde, in der wir nicht sprachen, sagten wir uns mehr als je zuvor. Winfrieds kamen aus Sables d'Olonne, das bedroht war. Sie waren ohne sauf-conduit über Bordeaux gekommen und besaßen, ich glaube, noch 600 Fr. Wir gingen zum Bahnhof hinüber, wo Frau Winfried auf einem Koffer saß und auf ihren Mann wartete, der in die Stadt gegangen war, um Unterkunft zu suchen. Die tapfere, hübsche kleine Frau trug ihr Schicksal, im Gegensatz zu ihrem Mann, mit bewundernswürdigem Mut. Wir machten ein Kaffeehaus aus, wo wir uns später treffen würden, und ich ließ Tanja auf ihren Koffern zurück und ging »essen«. An jenem Tag fing mein Elend an, das viele Wochen lang dauern sollte. Warum, warum schreibe ich es nieder? Warum, warum reiße ich kaum verheilte Wunden wieder auf? Meine Feder schleicht über das Papier. Es ist so schwer, so grauenhaft schwer.

Ich bin hier, und sie ist noch dort... Wären sie nicht unsertwegen nach Agen gekommen, sondern nach Montauban gegangen, wären sie heute vielleicht gerettet. Grausames Schicksal!

Wir saßen den ganzen Nachmittag im Bahnhofscafé. Wir sprachen nicht viel, obwohl wir fühlten, daß wir uns jetzt trennen würden und daß es nun vielleicht für immer sein würde. Herr Winfried kam zurück mit der Nachricht, daß sie eine Nacht im *Centre d'accueil* schlafen könnten und am nächsten Tag in ein kleines Dorf im Département Lot-et-Garonne gebracht werden würden.

Dann kam es.[18] Mein Vater, der Winfrieds gar nicht kannte, sagte, wie leid es ihm tue, daß... O Gott! Warum diese Qual, ich kann es nicht niederschreiben, es ist nicht vorbei, wir müßten heute dasselbe sagen wie damals.

Tatjana hatte nicht zu Mittag gegessen. Wir luden sie ein, mit uns in eine Konditorei zu kommen. Es war ein *»jour de pâtisserie«*.[19] Wir aßen beide Berge von Kuchen und Eis und versuchten wie zwei Kinder, uns von den schrecklichen Gedanken, die uns zu erdrücken drohten, zu befreien. Und in jener schönen Sommernacht, wo die Sterne am Himmel funkelten, die Nachtigallen sangen und das Unglück immer mehr und stärker durch die dunklen Gassen schlich, schlief Tatjana auf einem Strohsack mit Hunderten von anderen Flüchtlingen, und ich lag mit heißen, pochenden Schläfen in einem weichen Bett...

Nie habe ich ein größeres Grauen vor den dunklen Mächten, die diese Welt regieren, gehabt. Nie habe ich mehr empfunden, wie ungerecht das Schicksal und der Zufall sind. Die Nacht in Bordeaux, als ich selber kein Bett hatte und glaubte, daß ich von diesem Tag an keines mehr haben würde, war weniger schwer gewesen.

Das *»camion«*, in dem Tatjana wegfahren sollte, war für ein Uhr angesagt. Wir waren den ganzen Vormittag zusammengewesen und hatten um jede Minute gekämpft, die wir noch beisammen sein konnten. Um 12 Uhr trennten wir uns. Nach dem Essen fiel mir schwer auf die Seele, daß ich nicht zur Abfahrt des Wagens gekommen war. Etwas drückte mich in der Brust. Wie konnte ich das nur vergessen haben! Ich sah auf die Uhr; es war halb zwei. Ich wußte nicht, von wo der »Autobus« abfahren würde. Aber plötzlich trieb mich eine unwiderstehliche Kraft auf die Straße. Ich lief durch die Stadt, und eine »Stimme« in mir rief mir zu: Ich kann sie noch finden, es wäre ganz furchtbar, wenn ich sie nicht noch einmal sehen könnte. Atemlos langte ich beim Theater, das in ein Centre d'accueil verwandelt worden war, an. Mein Herz klopfte bis in den Hals hinauf. Etwa 10 camions standen auf dem Platz. Ich lief um die Ecke – ich hatte es gewußt, sie waren noch dort. Sie sah mich nicht, und ich stand etwa fünf Minuten an eine Mauer gelehnt, bis sich auf einmal ihr süßes Gesicht erhellte:

»Marianne!«

»Tanja, meine Tanja!«

Sie hockte im Lastwagen und beugte sich zu mir hinunter, die Augen voller Tränen.

»Wir müssen uns wiedersehen!«

»Es kann nicht anders sein!«

Wir brauchten unseren Schwur nicht einmal innerlich zu wiederholen. Wir würden einander gehören, ewig, ewig…

Es dauerte noch eine Stunde – sprechen wir nicht von der französischen Organisation –, bis der Chauffeur auf seinen Sitz stieg, Gas gab und der Wagen langsam um die Ecke rollte. Ich stand auf dem Platz vor dem Theater in Agen und fühlte eine lähmende Leere in mir. Daß ich, ohne überfahren zu werden, ins Hotel kam, kann ich nur der Tatsache verdanken, daß es fast keine Autos gab. Ich kam, ohne zu sehen, was vorging, vor dem Hotel an.

»Marianne!«

Ich zuckte zusammen. Ich träumte schon. Ich blickte auf – der Lastwagen stand vor dem Hotel – zum drittenmal an einem Tage nahmen wir Abschied. War das absichtlich, um uns zu quälen? Eine lange Landstraße geht am Hotel Jasmin vorbei. Man kann sie weit übersehen. Das Auto rollte an. Ich stand auf jenem verhängnisvollen Platz vor dem Hotel und blickte dem Wagen nach, bis Tanjas langes, blondes, im Winde flatterndes Haar nur noch ein heller Punkt war und ganz und endgültig verschwand.

Die Geburtstagstorte

Auch wir hatten die Instruktion erhalten, Agen zu verlassen. Als Aufenthaltsort wurde uns und der übriggebliebenen »Gruppe« ein kleines Dorf angewiesen, das in der entgegengesetzten Richtung von Tonneins lag. Da mein Vater es zu meinem Entsetzen für richtig hielt, mit den »anderen« beisammen zu sein, hatten wir um die Erlaubnis eingereicht, auch nach Tonneins gehen zu dürfen. Rinner ging auf die Préfecture, um sich nach dem Stand der Dinge zu erkundigen.

Es war etwa fünf Uhr, zwei Stunden, nachdem Tanja weggefahren war. Ich packte, da ich etwas zu tun haben wollte, meinen Koffer. Mein Vater las, und meine Mutter war bei der noch immer kranken Frau Wels. Plötzlich klopfte oder besser trommelte es an die Türe. Herein kam oder besser stürzte das Ehepaar Rinner, totenbleich. Rinner verlangte meinen Vater allein zu sprechen, und Mariechen und ich gingen auf den Gang. Nur mit großer Mühe konnte ich verstehen, was passiert war. Mariechen zitterte am ganzen Körper und konnte kaum ein paar Sätze hervorbringen. Zunächst hörte ich nur die Worte Verrat – verloren – Bordeaux – England. Das machte mich auch furchtbar nervös, bis ich endlich verstehen konnte: »Wir waren – auf der Préfecture – man sagte – uns: Sie können nach – Tonneins gehen, denn Ihre Freunde – sind nach Bordeaux – gefahren und sind wahrscheinlich schon in – in England. Und uns – wollten sie abhängen – und uns haben sie verraten – diese Hunde – sie retten sich – und wir sind verloren. Morgen wird Agen besetzt – und wir werden – ausgeliefert – dieser Verrat! Diese Gemeinheit! Diese Schufterei! Ich habe das gleich gedacht! Nun ist alles vorbei…« Ich hatte noch nie einen hysterischen Anfall gesehen. Ich mußte Mariechen in meinen Armen halten und versuchen, sie zu beruhigen.

»Es ist doch nur gut, daß die anderen nach England konnten. Dann werden wir ebenfalls die nötigen Papiere bekommen.«

»Alles ist zu spät, wir sind verloren, verraten.«

Nun begann das Ganze von vorn. Ich hatte an diesem und den vorhergehenden Tagen genug durchgemacht, und die Gefahr, die uns drohte, war wirklich zu groß, als daß ich dabei ruhig bleiben konnte. Hysterische Ausbrüche sind ansteckend, und mir wurde langsam schwindlig. Ich ließ Mariechen ins Zimmer gehen und lief hinunter, um meine Mutter zu holen. Als wir heraufkamen, liefen Rinners schon aus dem Hotel. Sie wollten sich ein Taxi nehmen, nach Tonneins fahren, sich überzeugen, ob diese Schreckensnachricht wahr sei, und uns am selben Abend Nachricht geben.

Wir saßen bestürzt und aufgeregt in unserem Zimmer. Meine Eltern sagten, daß es unsinnig sei, von Verrat zu sprechen, und daß das alles sicher nicht wahr sei. Ich wünschte von ganzem Herzen, daß sie recht behielten, denn wenn die Leute, für die mein Vater sein ganzes Leben gearbeitet hatte, ihn (wie Rinner behauptete) mit Absicht im Stich gelassen hätten, wäre das wirklich ein harter Schlag gewesen. Andererseits hielt ich in einer solchen Zeit alles für möglich und ich war nicht besonders darauf erpicht, für die Charakterstärke gewisser Leute, z. B. Br., einzutreten. Nun vergingen ein paar Stunden in trübseliger Stimmung, aber ohne besondere Aufregung. Das war in dieser Zeit schon viel. Ich dachte daran, daß dies der Vorabend meines 16. Geburtstages sei und in welcher Stimmung ich diesen Tag in jener fernen Zeit, in der ich ein glückliches Kind war, verbracht hätte.

Es sah so aus, als ob Rinner nicht zurückkommen würde. Das regte mich keineswegs auf, und um halb zehn wollte ich ins Bett gehen, als die Tür aufflog und Rinner erschien. Es stimme. Er habe den Polizeikommissar gesprochen, der an uns sehr interessiert zu sein schien und der ihm gesagt habe, daß er unsere »Freunde« nach Bordeaux geschickt habe, daß er einen Wagen nach Agen schicken würde, um uns abzuholen, und daß um drei Uhr früh ein Zug nach Bordeaux ginge. Es war halb zehn. Um zehn sollte das Auto dasein. Es ist phantastisch, was man in einer halben Stunde mit vor Aufregung zitternden Händen tun kann. Rinner lief im Hotel herum und weckte die anderen. Mein Vater, meine Mutter und ich warfen den Rest unserer Sachen in die Koffer, die merkwürdigerweise zugingen (ich war glücklich, daß mein Koffer gepackt war und daß ich noch nicht ausgezogen war), zahlten die Miete, richteten alles mit dem Hotelier und holten die kranke Frau Wels, die seit 14 Tagen nicht mehr auf den Beinen gestanden hatte, aus dem Bett. Wie wir das zustande gebracht haben, weiß ich nicht. Ich hatte noch Zeit, meine aus der Bibliothek ausgeliehenen Bücher mit fünf Francs und der Bitte, sie zurückzubringen, auf dem Tisch zu lassen. Um Punkt zehn Uhr war alles fertig. Wir saßen alle in unserem Zimmer und fragten uns, warum die »anderen« uns kein Telegramm geschickt hatten. Wir fingen an zu fürchten, daß die Idee Rinners, die wir erst für wahnsinnig gehalten hatten, wahr sein möge. Wenn die erste halbe Stunde, wo wir alles zu erledigen hatten, uns kurz erschien, so war die zweite, in der wir auf das Auto warteten, endlos lang. Vielleicht kommt das Auto nicht, und dann... Keiner sagte, was dann sein würde. Unsere Nervosität steigerte sich in jeder Minute. Alle Müdigkeit war von mir gewichen, jeder Nerv war auf das äußerste gespannt. 10 Uhr 20, 21, 22, 23, 24, 25, 30, 35... Das Auto ist da!!! Wir liefen hinunter. An das *»bon voyage«* des Hoteliers muß ich oft denken.

Man hatte uns einen ganz kleinen, geschlossenen Lastwagen geschickt. Wir waren elf Personen. Unsere Koffer und Rucksäcke wurden hineingeschoben. Wir benutzten sie als Sitze. Der Mann neben dem Chauffeur nahm Frau Wels auf den Schoß, und wir fuhren ab, von demselben Platz, von dem Tanja vor ein paar Stunden verschwunden war. Ich war noch nie vorher in einem Lastauto gefahren und fand es durchaus nicht bequem. Ich saß auf einem Rucksack, in dem irgendein harter Gegenstand war, und fiel bei jedem Ruck Frau Leeb um den Hals. Unser Auto war nicht *»en règle«*. Wir mußten vor Mitternacht in Tonneins sein, denn ein neues Zirkulationsverbot trat in Kraft. Außerdem fuhren wir in einem belgischen Wagen, der nicht verdunkelt war. Es war also nicht wahrscheinlich, daß wir überhaupt in Tonneins ankommen würden. Wenn wir nicht dorthin kommen sollten, würde unsere Lage höchst kritisch werden. Ich hörte Rinner mit seiner schleppenden, jammervollen Stimme zu meinem Vater sagen: »Wenn wir jemals aus diesem Land herauskommen sollten, was ich nicht glaube, werde ich einen Schock davontragen. So etwas hätte ich nie erwartet.« Ich entdeckte auf einmal, daß ich Ähnlichkeit mit dem berühmten Göb-Göb habe.[20] Göb-Göb liebte »bequeme« Abenteuer, die mit keiner Gefahr verbunden waren, und ich wünschte, daß dieses Abenteuer etwas »bequemer« wäre. Wir waren kaum zehn Minuten gefahren, als wir einem Militärtransport begegneten. Unser Chauffeur war ungeschickt genug, seine Scheinwerfer nicht auszudrehen. Wir beleuchteten also mit einem wunderbaren, klaren Schein den ganzen Transport. Als wir ganz in die Nähe kamen, sprang ein Soldat vom ersten camion herunter und versperrte uns den Weg. Die Lastwagen hielten und wir ebenfalls. Der Führer sprang herunter und kam wutschnaubend an unseren Wagen: »Was treiben Sie sich um diese Zeit noch auf den Landstraßen herum? Sie halten den ganzen militärischen Apparat auf und gefährden uns. *Vous allez nous faire mitrailler!«*

Es war sicher kein »bequemes« Abenteuer, als in dem gespenstischen Licht der Scheinwerfer ein mit Recht wütender Offizier in unseren

Wagen hinein kreischte und schrie: *»Vous allez nous faire mitrailler.«*
Der Begleiter unseres Chauffeurs schien getrunken zu haben, und
vielleicht war das unsere Rettung. Mit seiner fetten, gelangweilten
Stimme brummte er von Zeit zu Zeit etwas... Es war ein wahres
Wunder, aber der Offizier hatte sich nach fünf Minuten ausgetobt,
ging zu seinem Wagen zurück, lief noch einmal zu uns und schimpfte,
und als er zur Antwort *»mais oui, t'as raison, mon pauv'vieux«* bekam,
bestieg er endgültig seinen Sitz, und wir setzten uns beide in Bewegung, jeder in eine andere Richtung.
Durch Erfahrung wird man klug. Jedesmal, wenn wir von weitem ein
Auto sahen, drehte der Chauffeur das Licht ab. Der Mond schien so
hell, daß nichts passieren konnte.
Es ist ein sehr komisches Gefühl, wenn man nicht weiß, was einem die
nächsten 15 Minuten bringen werden. Alles, was wir wußten, war,
daß die anderen, unter noch unaufgeklärten Umständen, auf dem
Wege nach oder vielleicht schon in Bordeaux waren, und daß wir ein
unerhörtes Glück haben würden, wenn wir auch dahin kommen würden. Wir konnten nur sehr langsam fahren und hatten schon Verspätung. Rinner jammerte unaufhörlich, daß wir wahrscheinlich überhaupt zu spät kommen würden, daß wir den Kommissar nicht mehr
treffen würden und infolgedessen auch nicht nach Bordeaux gelangen
würden.
Genau zehn Minuten vor Mitternacht hielten wir: Tonneins. Wäre ich
abergläubisch, so hätte ich geglaubt, daß der Teufel uns verzaubert
hätte, so unheimlich und unerklärlich war das, was nun folgte. Ich
stieg als eine der ersten aus dem Auto aus, und eine helle Kinder-
stimme neben mir rief:
»Marianne!«
»Lily!?«
Mein Gehirn streikte. Ich begriff nichts mehr. Nach Lily tauchte ihre
Mutter auf, die mich schweigend umarmte. Es war stockfinster. Auf
der anderen Seite der Straße sah man ein unheimliches Durcheinander und Gewimmel von menschlichen Gliedern. Ich hätte mich nicht
gewundert, wenn ein Mensch ohne Kopf, oder mit einem dreibeini-
gen Pferd über den Damm gekommen wäre. Ein gedämpftes Stimmengewirr drang zu uns herüber. Wir nahmen unsere Koffer und gingen dorthin. Die gespenstischen Figuren identifizierten wir als die
Bordeauxfahrer, und gleichzeitig entdeckten wir einen riesigen Autobus. Jemand – wahrscheinlich Hilferding – stolperte und verschwand.

Eine Frauenstimme, die wohl Frau Ollenhauer gehörte, kreischte. Plötzlich hob sich Breitscheids unverkennbare Silhouette vom Himmel ab. Er packte seine Koffer in den Autobus und erklärte laut: »Das Gepäck muß zurückgelassen werden! Einsteigen!«
Ich erlaubte mir die Frage, warum wir nicht mit dem Zug nach Bordeaux fahren könnten. »Nach Bordeaux?« erwiderte ein tiefer Baß, »wir fahren nach Sète.[21] Die Regierung hat Bordeaux bereits verlassen. Es geht kein Schiff mehr.« Man drängte sich in wildem Durcheinander in den Autobus. Das Gepäck wurde bis zum letzten Bündel hineingestopft. Ich kam als eine der letzten in den Bus. Ich setzte mich auf einen Platz. »Nee, da sitzen wir!« Auf allen anderen Plätzen saß jemand. Ich installierte mich, so gut es ging, auf einem Koffer, der zwischen zwei Sitze geschoben wurde, und wir fuhren ab.
Ich hatte das Gefühl, daß nicht alles, was zu mir gehört, anwesend war. Ich mußte mich erst »zusammenklauben«. Irgend jemand war nicht ganz normal, entweder ich oder die anderen. Ich mußte zwei Dinge erfahren:
1) Wieso die »anderen« nicht in Bordeaux waren.
2) Was wir in Sète zu tun beabsichtigten.

Im schönsten Frankfurter Dialekt[22] bekam ich folgende Antwort auf Punkt 1:
»Der Polizeikommissar, der sich merkwürdig um uns kümmerte, sagte uns, daß wir unmöglich als Deutsche in einem so winzigen Nest bleiben könnten. Er verstand unsere Lage vollkommen und riet uns, nach Bordeaux zu fahren und zu versuchen, von dort nach England zu kommen. Er stattete uns mit sauf-conduits aus, und heute früh gingen wir um halb zehn auf den Bahnhof von Tonneins, um um zehn Uhr in den Schnellzug nach Bordeaux zu steigen. Es wurde zehn, halb elf, zwölf, und kein Zug kam. Man sagte uns, daß der Zug unregelmäßig ginge und daß wir warten müßten. Um zwölf Uhr gingen wir ins Bahnhofsrestaurant essen, und um fünf saßen wir noch immer dort. Es kam kein Zug. Wir verloren die Geduld und beschlossen, zum Kommissar zu gehen. Als wir durch die Sperre gehen wollten, verweigerte man uns den Durchgang. Wir waren Gefangene auf dem Bahnhof von Tonneins.
Die Dunkelheit brach ein, und wir saßen auf dem Bahnhof. Wir konnten weder wegfahren noch ins Dorf zurückgehen. Um neun Uhr, als es vollständig dunkel war, kam der Kommissar. Er sagte, daß die

Lage ungeheuer ernst sei. Die Regierung habe Bordeaux bereits verlassen, und es ginge kein Schiff mehr. Er habe uns nicht vom Bahnhof herausgelassen aus Furcht, daß wir in dem kleinen Nest zuviel Aufsehen erregen würden. Es sei anzunehmen, daß Tonneins am nächsten Tag besetzt werden würde. Es gebe nur noch eine Rettung für uns: Er habe ein Auto nach Agen geschickt, um unsere Freunde von dort abzuholen, und gegen Mitternacht würde ein Autobus bereit sein, um uns alle nach Sète zu bringen.

Wir saßen nun im Café in Tonneins und warteten auf euch. Der Kommissar sagte uns, daß wir nicht länger als bis Mitternacht warten könnten. Wir wollten gerade fahren, als ihr kamt. Ein Glück, daß ihr nicht fünf Minuten später gekommen seid.«

»Und was, um Himmels willen, machen wir in Sète?«

»Wir gehen, oder besser, versuchen nach – Afrika zu gelangen.«

Ich war viel zu müde und aufgeregt, um mir zu überlegen, was es für ein Unsinn wäre, nach Afrika zu fahren. Wäre dieser Plan geglückt, wären wir dort elend zugrunde gegangen. Ich hatte aber in diesem Moment nicht genug Überlegungskraft. Ich hatte geglaubt, daß wir nach Bordeaux fahren würden – es ging nach Sète. Ich hatte gedacht, daß die anderen schon in Bordeaux seien – wir hatten sie in Tonneins gefunden. Das war schon genug für mich, und ich dachte nicht darüber nach, daß wir in Afrika vom Regen in die Traufe kommen würden.

Die Fahrt war zauberhaft schön. Es war eine klare Mondscheinnacht, und wir fuhren die Garonne entlang. Der Fluß glänzte wie Silber, und die liebliche Gegend war von dünnen, feenhaften Schleiern umhüllt. Die Nacht war so schön, daß ich eine Weile ganz vergaß, daß wir auf der Flucht waren. Ganz plötzlich erinnerte ich mich, daß Mitternacht schon vorbei war, und daß ich Geburtstag hatte. Es gibt wohl nicht viele Menschen, die einen ähnlichen 16. Geburtstag verbracht haben.

Wenn man lange in der Nacht aufbleibt, bekommt man Hunger. Ich erinnerte mich, daß wir am Tage zuvor eine schöne Crèmetorte gekauft hatten, um meinen Geburtstag würdig zu begehen. Ich rief meine Mutter, die ein paar Reihen vor mir saß, und bat sie, mir die Torte zu geben. Meine Mutter holte ein Netz, einen Beutel: »Die Torte, ja, die Torte – ach so! Eine Crèmetorte ist unpraktisch auf einer Reise – die Torte – nun ja, sie ist auf der Straße in Tonneins...«

Ich dachte an die Geburtstagskränzchen, die man gewöhnlich zum

16. Geburtstag hat und die ich nicht ausstehen kann. Ich fand zwar, daß zu einem Geburtstag eine Torte gehört, und hatte plötzlich Sehnsucht nach einem Kindergeburtstag ohne Sorgen und Angst und hatte auf einmal das Bedürfnis, das Kind zu sein, das man gewöhnlich mit 16 Jahren ist und das ich nicht war – aber tant pis. Was mir leid tat, das war nicht ich, sondern mein Vater. Ich glaube, ihm war viel mehr zum Heulen zumute als mir. Er war so unglücklich über das Schicksal der Torte! Ich amüsierte mich bei dem Gedanken, was für ein Aufsehen diese Torte wohl in Tonneins erregen möge.

Unterdessen näherten wir uns wieder Agen – auf den genialen Gedanken, uns mit dem Autobus dort abzuholen statt uns nach Tonneins kommen zu lassen, war keiner gekommen. Ich saß neben Grötzsch, der Witze machte, über die nur er lachte, was übrigens auch vorkommt, wenn die Leute nicht schläfrig sind. Hilferding ist ein Mensch, der nicht verträgt, daß man sich über ihn lustig macht, nicht einmal in der harmlosesten Weise. Er hatte, unpraktisch wie er ist, seinen Hut in eine Papiertüte gesteckt. Nun war im Autobus kein Platz, um eine Stecknadel unterzubringen, geschweige denn einen Hut. In seiner Verzweiflung setzte er also den Hut samt der Tüte auf den Kopf. Er sah damit rasend komisch aus, und als mein Vater, der neben ihm saß, zu lachen anfing, riß er den Hut wütend herunter. O je, o je, diese Autobusgesellschaft! Sprechen wir lieber nicht darüber. Es war eher zum Weinen als zum Lachen.

Le Passage à Niveau

Der Kommissar, der, als Franzose, in Geographie nicht sehr stark war, hatte ausgerechnet, daß wir gegen Mittag in Sète ankommen würden. Wenn wir dann Glück haben würden...

Wir saßen alle, mehr oder weniger lieblich schlummernd, auf unseren Plätzen – ich auf meinem Koffer, der wohl ursprünglich nicht für solche Zwecke gebaut worden war, als es plötzlich einen Ruck gab, und der Autobus aufhörte sich fortzubewegen. Wir rissen die Augen auf, und das erste, was wir sahen, war, daß der Tag bereits dämmerte. Das erste, was wir hörten, war das Blöken von Ochsen und Kühen. Wir standen vor einem Bahnübergang. Ein endlos langer Zug versperrte uns den Weg. Von Zeit zu Zeit krochen ein paar Zuaven von einem Waggon in den anderen. Wir warteten fünf Minuten – nichts. Die

Welt lag in friedlichem Schlummer. Wir warteten zehn Minuten – noch immer nichts als das gelangweilte Blöken der Kühe. Wir warteten 15 Minuten – nichts. Ich weiß nicht, wie es ist, sein Leben unter diesem Himmel als Kuh zu verbringen. Ich habe, ehrlich gestanden, noch nie darüber nachgedacht. In jenem Moment aber, wünschte ich, die Geduld und tiefe seelische Ruhe eines Kuhgemütes zu haben.

Wir waren auf der Flucht. Wir hatten alles verloren und versuchten nun, das einzige, was uns geblieben war, und das einzige, was ein Mensch wirklich besitzen kann, sei es auch nur, um es zu verlieren, das Leben, zu retten. Jede einzelne Minute war wichtig. Vielleicht hing unser Schicksal von einer einzigen Minute ab. Vielleicht kamen wir um eine Minute zu spät zum Schiff und dann... Wir standen nun eine halbe Stunde vor dem Bahnübergang, ohne daß der Zug die geringste Anstalt machte, wegzufahren. Vielleicht stand er schon 24 Stunden auf diesem Platz. Vielleicht war das Geleise verstopft, und er würde überhaupt nicht weiterfahren. Vielleicht würden wir nun überhaupt nicht weiterkommen als etwa drei Autostunden von Tonneins, dem Tonneins, das, wie der Polizeikommissar prophezeit hatte, um zwölf Uhr besetzt werden würde.

Die Denkerstirnen im Autobus furchten sich, und endlich kam ein genialer Kopf auf die Idee, daß es wohl besser wäre, ein Stück umzukehren und einen anderen Weg zu suchen, als das Ende der Welt (das wirklich nah wäre) auf diesem Fleck zu erwarten und den Kühen zuzuhören. Sein Rat wurde befolgt. Wir machten kehrt, und »weiter gings durch Wies und Tal«. Wir fuhren eine ungepflasterte Straße, die sonst wohl nur Kuh- und Pferdewagen diente, und kamen in ein kleines Dorf. Ein Bauer, der gerade aus einem Haus herauskam, starrte uns mit offenem Mund an. So etwas hatte das Dorf in seiner ganzen Geschichte wohl noch nicht gesehen. Und nun hielt das Ungetüm auch noch vor dem Bäuerlein, und jemand stieg aus und fragte ihn nach dem Weg. Der kleine Mann stotterte etwas, wir fuhren weiter und von weitem konnte man ihn noch sehen, wie er unbeweglich am Weg stand. Ich bin fest überzeugt, daß er nachher dem ganzen Dorf erzählt haben wird, daß die Deutschen durchgekommen seien und ihn um ein Haar verschleppt hätten.

Hindernisse

Es wurde Tag. Wir fuhren durch ein einsames Wiesenland, die Sonne ging auf, und die Natur erwachte. Die von Tau feuchten Grashalme glitzerten, und wir atmeten durch die offenen Fenster die kalte, frische Morgenluft ein. 21. Juni. Sommeranfang. Die Vögel sangen, die Blumen dufteten und blühten, vor uns lag eine lachende, lebende Sommerlandschaft und hinter uns – hinter uns gab es Wiesen, deren Blumen von Blut statt von Tau durchtränkt waren, hinter uns warf das Feuer brennender Häuser den roten Schein über das Land, den hier noch der glühende Sonnenball gibt, hinter uns umfaßte eine eiserne Kralle die menschliche Brust.

Langsam kroch das drohende Unheil nach Süden, und bald, ach so bald, wirst auch du, o glückliches, lachendes Wiesenland erfaßt, bald wirst du, o duftende Blume, den Strahl der liebenden Sonne vergeblich suchen. Wo das Glück gelebt hat, werden Tränen fließen, wo das Lachen gewohnt hat, werden Klagen erschallen, wo die Freiheit geherrscht hat, wird die Sklaverei ihre Opfer suchen. Und bald, ach so bald, o glückliches Land, wirst auch du deinen Platz finden, im europäischen Grab...

Unser Autobus keucht einen Hügel hinauf und, auf einem Plateau angekommen, weit entfernt von menschlichen Behausungen, bleibt er stehen. Der Chauffeur gibt sich die größte Mühe und redet ihm gut zu, nichts zu machen. Der Motor springt nicht an. Mit kalter Entschlossenheit klettern wir alle heraus und schieben.

Es war ein Bild für die Götter. Die dicke Frau Ollenhauer, die resolute Frau Leeb, der rundliche Ollenhauer, der lange Breitscheid, der dürre Geyer, sie standen alle hinterm Autobus und schoben mit vereinten Kräften. Und ich ging hinterher und lachte. Die Situation war tragisch; aber der Anblick, der sich mir bot, war urkomisch. Ich lachte und fühlte, daß mir gar nicht zum Lachen zumute war. Ich lachte, weil ich mich freute, mein Lachen zu hören. Ich lachte, weil es vielleicht das letzte Mal in meinem, an diesem Tage 16jährigen Leben sein könnte, wo ich Gelegenheit zum Lachen hätte.

In dem Moment, da man einsah, daß man den Autobus schließlich nicht nach Sète schieben könne, gab es ein Summen, das unser Herz höher schlagen ließ. Der Motor ging. Triumphierend stiegen wir wieder ein und setzten unsere Fahrt fort. Gegen neun Uhr kamen wir in Albi an. Wir hielten vor einem Café. Wir waren furchtbar hungrig.

Fast alle Geschäfte waren noch geschlossen. Ich lief herum, um irgend etwas Eßbares für die Fahrt zu bekommen, und kaufte alles, was ein menschlicher Magen verdauen kann. Dann kam ich ins Café zurück, trank dort einen furchtbaren schwarzen Kaffee und aß versalzene, alte Kipfel dazu. Die Atmosphäre in Albi war höchst ungemütlich. Die Straßen waren von Militärwagen vollgestopft, und man sah fast nur Soldaten. In jedem Café war ein Lautsprecher, der den anderen mit schlechten Nachrichten überschrie. Unruhe und Nervosität lagen über der ganzen Stadt. Wir fuhren so schnell wie möglich weiter.

Das Département Tarn grenzt an das Département Hérault, das unser Ziel war. Als wir, an meinem Geburtstag, durch dieses Département kamen, ahnte ich nicht, was es für eine Rolle in meinem Leben spielen würde. Schauen wir nach, was der Larousse über Tarn zu sagen hat: *Département formé d'une partie du Languedoc (Evêches d'Albi, de Castres, et de Lavaur) sous préfecture Castres, 2 arr., 36 cantons, 324 communes, 302 994 h. 16ième région militaire; cour d'appel de Toulouse; archevêché à Albi. Ce département doit son nom au Tarn, qui le traverse.*

Ich fuhr also durch dieses schöne Département und ohne die geringste Ahnung zu haben, daß Tarn 324 Gemeinden und 302 994 Einwohner hatte, und daß wir, durch unseren späteren Aufenthalt die Einwohnerzahl auf 303 000 erhöhen würden. Gegen Mittag kamen wir in Castres an, mit dem Gedanken, daß wir um diese Zeit eigentlich schon in Sète sein sollten und daß wir kaum die Hälfte des Weges zurückgelegt hatten. Und nun zeigte sich die erste, wirklich erhebliche Schwierigkeit. Wir hatten noch genug Benzin, um nach Sète zu kommen, der Chauffeur hätte aber dann keines mehr gehabt, um wieder nach Tonneins zu fahren. Der Kommissar hatte uns natürlich Benzinbons ausgestellt. An den Tankstellen erklärte man aber, daß ein Bon, der im Département Lot-et-Garonne ausgestellt war, in Tarn nicht gültig sei. Der Chauffeur sagte mit festentschlossener Miene, daß er, wenn er nicht soviel Benzin habe, um nach Hause fahren zu können, nicht einen halben Kilometer weiterfahren würde. Die Lage wurde kritisch.

Anna Geyer war mit Grumbach[23], dem Abgeordneten von Tarn, gut bekannt. Sie wußte, daß er sich oft in Castres aufhielt und machte sich auf die Suche nach ihm, um vielleicht einen Benzinbon zu bekommen. Unser Autobus stand in einer schönen, von alten Platanen bewachsenen, breiten Straße, in der uns später so vertrauten Avenue du Collège. Die Luft im Autobus war zum Ersticken heiß. Wir stiegen aus und fanden zu unserer großen Freude eine Pumpe, unter der wir unsere mehr als schmutzigen Hände waschen konnten. Wir liefen dort etwa eine Stunde in der größten Nervosität herum. Anna Geyer war nicht zu sehen. Wir warteten und warteten, und nach etwa zwei Stunden kam sie zurück. Grumbach war nicht in Castres. Sie sei auch auf der Préfecture gewesen, um zu erfahren, daß nichts zu machen sei. Der Chauffeur beharrte bei seinem Entschluß. Unsere Leute benahmen sich aber auch furchtbar schlecht. Sie hatten keinen Heller zu zahlen, der Chauffeur war die ganze Nacht durchgefahren, und sie boten ihm nicht einmal ein Mittagessen an. Es war ihre Schuld, daß der Chauffeur es sattbekam. Wir fuhren nun noch in Castres herum, von einer Tankstelle zur anderen. »*Pas d'essence.*« Der Chauffeur bat uns auszusteigen. Ich war wütend auf Rinner, Breitscheid und Geyer. Wenn sie dem Chauffeur 500 Francs angeboten hätten, hätte er uns weitergefahren.

Es kam zu einer Auseinandersetzung, bei der wir natürlich den kürzeren zogen. Wir setzten unsere Koffer auf die Straße und stiegen aus. Ich setzte mich auf einen Koffer und sah dem Autobus nach, der davonfuhr. Wenn man nun allein ist, kann man sich »*débrouillieren*«. Wenn man aber an einer zwanzigköpfigen deutschen Hammelherde klebt, ist die Sache anders. Wir saßen in einem Haufen von Bündeln und Koffern und Rucksäcken und fielen auf wie die bunten Hunde. Jemand kam auf die geniale Idee, daß wir uns trennen sollten. Wir schleppten also unsere Koffer in ein kleines Café, baten die Besitzerin, sie aufzuheben, und setzten uns auf die Terrasse. Mit uns waren Frau Wels, Geyers und, wenn ich mich nicht irre, Breitscheids. Es war mein Geburtstag, einer der grauenhaftesten Tage, die ich je erlebt habe. Um drei Uhr bekam man kein Mittagessen mehr, und wir saßen hungrig und erschöpft auf den Stühlen und schlürften schwarzen Kaffee. Lily, die einzige, die noch ein bißchen Leben in sich hatte, lief in eine Bäckerei und kam zurück mit meterlangen Streifen von Papier, an dem Biskuitkekse klebten.

Unsere Lage schien verzweifelt. Es ging kein Zug, kein Autobus, nichts. Wir saßen in Castres und konnten uns nicht vom Fleck rühren. Um diese Zeit hätten wir schon in Sète sein sollen. Über den Platz, auf dem unser Café lag, ging ein Geleise. Ich hörte plötzlich einen Lärm und ein Geschnaufe, und über den Platz keuchte eine kleine Eisenbahn. Ich sprang auf und fragte einen Mann, wohin der Zug fahre. »*A la montagne*«, war seine Antwort. A la montagne! Ich bin später einmal mit diesem kleinen »*chemin de fer départemental*« in die »montagne« gefahren. Hätte ich das an jenem Tag gewußt, wäre mir wohler gewesen. Ich war einem hysterischen Nervenzusammenbruch nahe. An diesem Tage lernte ich zwei furchtbare Dinge kennen: Verzweiflung und Todesangst.

Es schien keine Möglichkeit zu geben, von Castres wegzukommen, und es schien sicher, daß die Deutschen nach Castres kommen würden. Wir saßen also in der Mausefalle. Ich starrte unaufhörlich auf eine Straße, die auf den Platz mündete, und wartete darauf, deutsche Truppen herauskommen zu sehen. Ich weiß nicht, warum ich ausgerechnet vor dieser Straße solch ein Grauen empfand. Ich hatte das Gefühl, daß die Deutschen aus dieser Richtung kommen müßten. Ich empfand eine atemberaubende Furcht vor dem, das kommen sollte. Ich klammerte mich instinktiv an Anna Geyer an. Sie behielt eine äußere Ruhe, die wohltuend war. Jedes ruhige, tröstende Wort war Balsam für meine Seele. Ich hätte vor jedem, der gesagt hätte, daß noch ein Prozent Möglichkeit bestehe, daß wir gerettet werden könnten, weinend zu Füßen sinken können. Ich wollte noch nicht sterben – nein, noch nicht, nicht an meinem 16. Geburtstag. Ich wollte leben, leben, mein Lebensrecht wiedergeschenkt haben. Ich wollte fliehen, mit meinen Eltern fliehen in ein Land, wo ich nicht um das Leben meines Vaters zu zittern brauchte, in ein Land, wo ich wieder das Recht haben würde, Mensch zu sein. Fliehen – wie?

Es gab keine Transportmöglichkeit. Die dumpfe, hohle, kalte Verzweiflung umwickelte und umschlang mich. Sie stieg in meine Kehle und schnürte mir den Hals zu. Ich wünschte, meine todmüden Glieder auf einem Bett ausstrecken zu können und nicht mehr auf diese Straße, auf der ich die Deutschen nahen sah, starren zu müssen. Mein Vater sah zum Erschrecken schlecht aus. Wenn in dieser Situation jemand krank werden würde! Frau Wels saß, gelb wie Wachs, an unserem Tisch. Was würde geschehen, wenn sie plötzlich zusammenbrechen würde? Ich hatte das Bedürfnis, mich in die Arme meiner Eltern zu stürzen, ein ganz kleines Kind zu sein, um diese Lasten von meiner Brust schieben zu können. Ich umklammerte den Stuhl mit beiden Händen und hatte das Gefühl, daß ich im nächsten Augenblick schreien würde, laut schreien würde und es nicht einmal merken würde. Ich konnte nicht mehr atmen. Ein ungeheurer Felsblock lag auf meinem Körper und erstickte mich. Es mußte etwas geschehen, in der nächsten halben Minute, sonst würde ich es nicht mehr ertragen können. Wir saßen in diesem Café – stundenlang. Es schien, daß dieser Zustand kein Ende nehmen würde. Es fing an zu regnen. Ich hatte es seit langem nicht mehr so regnen gesehen. Das Wasser fiel vom Himmel.

Plötzlich erinnerten wir uns, daß wir versuchen müßten, für die Nacht ein Quartier zu finden. Wenn es in der Nacht so regnet, muß man ein Dach über dem Kopf haben. Wir warteten, daß der Regen etwas aufhörte, und dann gingen wir, das heißt, mein Vater und ich, meine Mutter blieb bei Frau Wels, durch die reißenden Bäche, die sich gebildet hatten, in die Stadt. Mein Vater tat mir so leid, daß ich am Heulen war. Er liebt Regen nicht, und nun mußte er in dem einzigen Anzug und dem einzigen Paar Schuhe durch den Regen laufen. Wir wurden beide pitschnaß, und unser Mißbehagen wurde durch das Bewußtsein erhöht, daß wir aus diesen nassen Kleidern nicht herauskommen konnten. Wir stolperten über das holprige Pflaster von Hotel zu Hotel. Warum wir das getan haben, weiß ich nicht. Wir wußten ja, daß es aussichtslos sei. Wir kehrten nach einer Stunde ins Café zurück, und nahmen unseren Platz wieder ein. Es lief mir kalt über den Rücken bei der Vorstellung, daß wir in unseren nassen Kleidern die Nacht zusammengekauert auf irgendeinem Stuhl verbringen müßten.

Wie lange wir dann noch in diesem Café hockten, weiß ich nicht. Am Abend kamen Rinner und Geyer herbeigelaufen und riefen uns zu, daß es ihnen gelungen sei, einen Autobus für den nächsten Tag zu mieten. Diese Aussicht schien eine neue Hoffnung zu sein, obwohl wir 24 Stunden verloren hatten. Nun geschah noch ein zweites Wunder: Grötzsch hatte nicht nur ein Zimmer für sich entdeckt, sondern auch eines für Frau Wels und uns. Ein Bett für diese Nacht! Eine phantastische Vorstellung. Er führte uns in ein Haus mit einem wunderschönen, parkartigen Garten, den ich an diesem Abend kaum bemerkte. Das Zimmer, das Grötzsch, ohne ein Wort Französisch zu können, für uns gemietet hatte, hatte zwei Betten. Die freundliche Wirtin – oh, die gute Mme. Cros – legte noch eine Matratze auf den Boden. Nun hatten wir ein Quartier und wollten auch etwas zu essen haben. Wir hatten Sehnsucht nach einem sauberen gedeckten Tisch und einem guten warmen Essen. Es war schließlich mein Geburtstag! Und so beschlossen wir, trotz unserer Müdigkeit, ins Grand Hotel zu gehen. Wir zahlten 20 Fr. pro Person, aber das Essen war ausgezeichnet. Schließlich hatten wir 24 Stunden von Brot und trockenem Kuchen gelebt. Frankreich war ein reiches Land (gewesen), die Städte und Dörfer im Süden waren von hungrigen Heuschreckenschwärmen überfallen worden, und trotzdem gab es noch zu essen. Gegen neun Uhr torkelten wir »nach Hause«. In dem Zimmer angekommen, wo Frau Wels schon in einem Bett lag, warfen wir uns auf unser Bett beziehungsweise unsere Matratze. Ich hatte kaum noch Zeit, darüber nachzudenken, was für ein merkwürdiger Geburtstag das doch gewesen sei, als die Müdigkeit mich übermannte und ich schlief, wie ich seit langem nicht mehr geschlafen hatte.

Irrfahrten

Um sechs Uhr früh des folgenden Tages hielt ein schöner, rot und gelb angestrichener Autobus unweit des Hauses 8 Avenue d'Albi. Der Name des Besitzers, THOREL, war in großen Buchstaben angeschrieben. Mit unseren und Frau Wels' Handkoffern bepackt, kletterten wir hinein. Wir fuhren durch die Straßen des noch schlafenden Castres bis zu einem Platz, wo die anderen auf uns warteten. Breitscheid erklärte mit düsterer Miene, daß die Frau, die ihm ein Zimmer vermietet hatte, gesagt hat, daß Sète evakuiert worden sei und keine Zivilperson mehr dort hingelangen könne. Ich war entsetzt über Breitscheid. Was war mit ihm los?

Castres lag hinter uns, der Regen strömte nieder und wir fuhren mit großer Schnelligkeit durch die bewaldete Gegend. Je mehr wir uns von Castres, das wie ein böser Traum hinter uns lag, entfernten, desto leichter wurde mir ums Herz. Das Summen des Motors und die vorbeiziehende Landschaft hatten etwas Beruhigendes. Vielleicht, vielleicht, war es doch noch nicht zu spät! Jetzt hatten wir wenigstens einen Autobus, der uns sicher nach Sète bringen würde.

Die Montagne Noire ist ein Gebirge, das sich im Osten des Départements Tarn und im Westen von Hérault erstreckt. In der Mitte des Gebirges liegt ein reizender kleiner Ort, St. Pons. Obwohl ich dreimal durchgefahren bin, habe ich keine genaue Vorstellung von St. Pons. Ich weiß, daß ein Bach durch das Dörfchen fließt und daß es entzückend ist.

Als wir am 22. Juni durch St. Pons fuhren, hielten wir vor einem hübschen Hotel, wahrscheinlich dem einzigen, und frühstückten dort. In jenem Saal sollte ich später manches erleben. Nach dieser Unterbrechung, die so kurz wie möglich gemacht wurde, fuhren wir weiter. Östlich von St. Pons liegt der schöne Teil des Gebirges. Wir kamen durch enge, felsige Schluchten, wir fuhren über Brücken, unter denen ein reißender Bach über spitze Steine rauschte. Die Fahrt war so schön, daß ich versuchte, den Zweck oder Grund unserer Reise zu vergessen und mir einbilden wollte, daß wir im Begriffe seien, eine Vergnügungsfahrt zu machen. O goldene Phantasie! Sie hatte mich verlassen, denn die Wirklichkeit war stärker als sie! Das Gebirge öffnete sich, wir kamen in das Weinland hinunter, und nach mehrstündiger Fahrt durch Reben, Reben und nochmals Reben, näherten wir uns Montpellier.

Montpellier liegt nicht auf dem direkten Weg von Castres nach Sète. Wir machten einen großen Umweg. Das war Wahnsinn, aber Breitscheid, der behauptete, Beziehungen zur Préfecture von Montpellier zu haben, war es gelungen, die anderen zu überzeugen, daß es nützlich sei, zuerst nach Montpellier zu fahren. Außerdem hatte die Frau, bei der er gewohnt hatte, doch gesagt, daß man nicht nach Sète fahren könnte. Breitscheid wollte aus Gründen, die wir vielleicht nicht kennen, nach Montpellier, und man fuhr nach Montpellier. Unser schöner, rotgelber Autobus mit dem stolzen Castraiser Namen Thorel hielt auf dem Platz vor der Préfecture. Wir verteilten uns in verschiedene Richtungen, um zu Mittag zu essen. Breitscheid wollte am Nachmittag auf die Préfecture gehen. Wir warteten in einem Café auf ihn. Es wurde vier Uhr, und Breitscheid kam nicht. Es wurde fünf, sechs, wir saßen alle schon wieder im Autobus, als Breitscheid in den Wagen kam, die Tür zuwarf und sagte: »Alle Straßen nach Sète sind gesperrt. Außerdem geht kein Schiff mehr. Alles, was wir jetzt noch tun können, ist, nach Castres zurückzufahren. Wir müssen zur Gendarmerie gehen und um sauf-conduits bitten.«

Das war ein furchtbarer Schlag. Das letzte Loch, durch das wir noch hätten kriechen können, schien gesperrt. Breitscheid machte sich auf den Weg zur Gendarmerie, und wir saßen wieder im Autobus und warteten, warteten. Ich hatte das Gefühl, daß ich, nachdem ich in dieser Zeit so oft warten mußte, nie mehr die Geduld haben würde, auf etwas zu warten. Der »Place de la Préfecture« in Montpellier schien wie ein Gefängnis. Es war mir, als ob die Häuser immer näher rücken würden, bis nur noch ein winziges Stück blauen Himmels über uns sein würde. Es fing an zu dunkeln. Die Fensterscheiben glotzten unheimlich, und der Ring der schwarzen Häuser schloß sich um uns. Breitscheid kam zurück, mit zusammengepreßten Lippen:

»Sauf-conduits?«

»Abgelehnt.«

»Ohne Erlaubnis fahren?«

»Unmöglich. Der erste Gendarm hält uns auf, telefoniert nach Montpellier und erfährt dort, daß wir gegen das Verbot des Gendarmeriekapitäns gefahren sind.«

Autos durften nur bis zu einer bestimmten Zeit vor der Préfecture parken. Wir mußten von dort weg und begaben uns auf die Suche nach einem Platz, wo wir die Nacht verbringen könnten. Montpellier ist keine große Stadt, und wir kamen bald in einen eleganten Villenvorort. In der Nähe einer wunderbaren, eleganten Villa hielten wir. Das war die zweite Nacht im Autobus. In der ersten fuhren wir von Tonneins in Richtung Sète, mit der Hoffnung, entkommen zu können. In der zweiten standen wir auf einem Platz in Montpellier, ohne Hoffnung, noch fliehen zu können, und dem Mutwillen einer bösartigen Gendarmerie ausgesetzt.

Eine Nacht, die um acht Uhr anfängt, ist lang. Eine Nacht, die man auf einem unbequemen Sitz in einem mit Menschen vollgestopften Autobus verbringen muß, ist endlos. Eine Nacht, mit dem Bewußtsein, daß nun endgültig alles vorbei sei, ist unerträglich. Ich blickte durchs Fenster und sah die weiße Villa, die majestätisch wie ein Königsschloß aus dem Dunkeln herausragte und sich über unser Elend lustig zu machen schien. In jener Nacht habe ich zum erstenmal aufs tiefste gefühlt, wie dem Bettler und Zigeuner zumute ist, der von Tür zu Tür gejagt, ohne Brot, ohne Kleidung, ohne die Wärme eines trauten Heimes, nichts findet als die ewige Bestätigung seines zum Himmel schreienden Leids.

Der Morgen graute, doch der Spuk dieser qualvollen, schlaflosen Nacht blieb. Ich stieg aus, zerschlagen, steif und schmutzig. Es war eisig kalt, und ich fröstelte nur noch mehr. Auf dem Platz war eine Pumpe, unter der wir uns etwas waschen konnten. Man lernt soviel im Leben! Lily, die die Nacht in ihrem Schlafsack eingewickelt, auf dem engen Gang liegend, verbracht hatte, wachte auf, schmutzig und zerknittert und erklärte, daß sie in ihrem Leben noch nie so gut geschlafen habe. Ein Zeitungsverkäufer kam vorbei. Wir stürzten uns auf ihn, entfalteten die Zeitung, und in großen fetten Buchstaben, die über die ganze erste Seite liefen, standen die folgenden Worte: *AR-MISTICE SIGNÉ. CONDITIONS ENCORE INCONNUES.* Bis zu diesem Tag war man noch in Zweifel, ob Hitler den Waffenstillstand annehmen würde und ob weitergekämpft würde. Am 23. Juni 1940 war das Schicksal Frankreichs entschieden.[24] Zerrissen und beschmutzt sank die Trikolore, das Symbol der großen Revolution, in den Abgrund. Blutend und entwaffnet war Frankreich, das stolze Land der Freiheit, dem Eroberer preisgegeben und öffnete den Weg zu einem langen, blutigen, europäischen Krieg.

Uns schien alles besser, als in Montpellier zu bleiben. Da einige von uns sauf-conduits nach Bordeaux hatten, entschlossen wir uns, eine Rückfahrt nach Castres zu riskieren. Der anbrechende Tag sah den rotgelben Autobus mit dem stolzen Namen THOREL den Weg zurückfahren, den er gekommen war. Unweit von Montpellier hielt ein dicker Gendarm den roten Autobus auf: *»Sauf-conduits, s'il vous plaît!«* Der Betreffende, der neben der Tür saß, reichte ihm ein sauf-conduit nach Bordeaux. Der nächste besaß das gleiche Papier. *»La même chose pour tout le monde?«* Ein einstimmiges »oui«. Der dicke Gendarm kletterte hinaus, rief dem Chauffeur ein vergnügtes *»allez-y«* zu, und der rote Autobus verschwand vom Horizont.

Gelobte französische Schlamperei!

Im Autobus saß jemand, der später, als dieser ganze böse Traum überstanden war, entdeckte, daß er Frankreich liebe. Dieser Jemand, der sich damals darüber noch nicht ganz klar war, erlebte auf dieser Reise etwas, das ihm schlimmer schien als das übrige. Der rote Autobus begegnete auf seiner Fahrt durch die »Montagne Noire« Lastwagen, die Soldaten nach dem Süden transportierten. Und diejenigen, die durch die Fenster des roten Autobusses blickten, sahen, daß die Soldaten in einer Stimmung waren, die mit dem Tage wohl nicht ganz in Einklang stand. Die Soldaten, die erfahren hatten, daß der Krieg zu Ende sei und daß sie geschlagen waren, dachten an nichts anderes, als daß sie jetzt bald nach Hause gehen könnten. Der Gedanke an ein Heim und die Familie, die man bald wiedersehen würde, ist schön. Und die Soldaten freuten sich darüber und dachten nicht daran, daß es nicht mehr ihr altes Leben sein würde, das sie wiederfinden würden. Und als der Jemand im roten Autobus bemerkte, wie vergnügt die Soldaten, die in den »camions« vorbeifuhren, waren, begriff er erst ganz, wie groß die Tragödie war, die über Frankreich hereingebrochen war.

30 Kilometer vor Castres

Im Café Palmarium in Castres saß M. Thorel und blickte auf seine Uhr. In diesem Café saß er Tag für Tag und wartete auf seine Autobusse, die die Verbindung zwischen Castres und Béziers herstellten. An jenem Tag erwartete er einen Autobus, der von Sète zurückkommen sollte. Der Autobus war vor zwei Tagen abgefahren und M. Thorel fing an, sich zu wundern, daß er noch nicht zurück sei. Als M. Thorel sich einen neuen Apéritif bestellt hatte, kam der Autobus und hielt unter den Platanen, die das Café Palmarium beschatteten. Zur größten Verwunderung von M. Thorel saßen im Autobus nicht nur sein Chauffeur, sondern auch die Fahrgäste, die einen so ungeheuer großen Wert darauf gelegt hatten, nach Sète zu kommen. M. Thorel machte ein bedenkliches Gesicht. Er habe gehört – er glaube zu wissen –, daß die Deutschen 30 Kilometer vor Castres seien, und es wäre vielleicht ratsam, wenn die Herrschaften weiterfahren würden.

Der Platz, auf dem unser Autobus gehalten hatte, lag, wie ich später erfuhr, in der Nähe einer Kaserne und war von lärmenden und trinkenden Soldaten überfüllt. Das Stimmengewirr und die Schwüle des Abends lagen drückend auf uns, als wir aus dem Autobus herauskletterten, um zu beraten, was nun geschehen sollte. Mein Vater, der völlig erschöpft war, wollte absolut in Castres bleiben, irgendwie ein Bett auftreiben und eine Nacht lang schlafen. Andere warfen den Plan auf zu versuchen, in die Pyrenäen zu fahren. Es war Abend, und die Gendarmerie war schon geschlossen. Es war wahnsinnig, ohne Erlaubnis zu fahren. Mein Vater, der an keine Rettung mehr glaubte, sagte, daß, wenn die Deutschen heute abend vor Castres stünden, sie dann morgen abend in den Pyrenäen sein würden. Wir stiegen wieder in den Autobus, man riet hin und her, mein Vater saß zusammengesunken auf seinem Platz und sagte überhaupt nichts mehr. Plötzlich bemerkte jemand einen Mann in Zivil, der dicht neben dem Autobus stand und uns auffällig mit scharfem Blick beobachtete. »Ein Spion, ein deutscher Spion«, flüsterte Grötzsch heiser. »Er hat alles gehört.«

Der Mann war unheimlich. Er trug einen grauen Anzug und stand mit verschränkten Armen vor uns. Er hatte eine scharfe Hakennase und starrte mit seinen kleinen, braunen Augen durch die Scheiben des Wagens, daß ich mir wie ein Fisch im Aquarium vorkam. »Gestapo, Gestapo«, flüsterte es von allen Seiten, aber die Debatte wurde trotzdem fortgesetzt. Breitscheid war im Besitz eines allgemeinen sauf-conduits, das vom Polizeikommissar von Tonneins ausgestellt worden war. Auf diesem Papier stand, daß wir in großer Gefahr seien und so bald wie möglich das Land verlassen sollten. Der »Spitzel« verschwand plötzlich und unauffällig, wie er gekommen war, zur großen Erleichterung der einen und zur Besorgnis der anderen.

Der Abend rückte vor, und man teilte M. Thorel den Entschluß mit, daß man in die Pyrenäen fahren wollte. M. Thorel, der die Requirierung seiner Wagen befürchtete, schien von dem Plan entzückt zu sein. Die Schwierigkeit war nun wieder das Benzin, und die Garage war schon vom Militär beschlagnahmt. In Frankreich geht aber alles. Der rote Autobus fuhr durch die Gassen von Castres, wo er, zum Städtchen gehörend, ausnahmsweise kein Aufsehen erregte, in die große Garage. Dort flößte man ihm Benzin ein, und unauffällig – es fahren so viele rote Autobusse in diese Garage – glitt er wieder hinaus, und bog in eine Landstraße ein, die nach dem Osten führte.

Rote Punkte, Kreise, Kreise, grünes Licht, magische Farben, Paris, Paris, nein, Sète, England, rote Punkte und magische Kreise, Folter und Tod, Rettung und Leben – Spione, um Himmels willen Spione, er packt mich, er erwürgt mich, er stößt mir ein Messer in die Brust –, ein Löwe, Scharen von Löwen, Hilfe, Hilfe, ich sterbe – blaues Licht und bunte Kreise – ein weiches Bett, eine warme Decke, ein weißes Kissen, wie schön, daß alles nur ein böser Traum war, Papa, ich will nicht sterben, ich mag nicht sterben, sind wir bald in England? – rotes Licht und grüne Punkte, ich will leben, du darfst nicht sterben, dort kommt er, ich fürchte mich, ich habe Angst, hilf mir, Bomben, Bomben, grüne Kreise.

»Sauf-conduits?«

Mein Kopf, der auf der Stange des Vordersitzes liegt, schmerzt. Ich wache auf von dem unerquicklichen Schlaf. Die gelbe Uniform des Gendarmen sticht aus dem Dunkeln.

»Sauf-conduits?«

Was man antwortete, weiß ich nicht. Man brachte uns zur Gendarmeriestation.

»Breitscheid, geben Sie bitte den Ausweis.«

»Habe keinen.«

»Sie haben das Schreiben. Bitte geben Sie es sofort.«

»Denke nicht daran.«

Rinner und Geyer stiegen, vor Wut zitternd, aus. Sie gingen in das Gebäude der Gendarmerie zum Verhör. Ich weiß nicht, in welchem

Ort sich diese Szene abgespielt hatte. Ich weiß nicht, wie lange wir vor der Gendarmerie standen. Ich weiß nur noch, daß ich undeutlich begriff, daß Breitscheid nicht mehr zurechnungsfähig war. Dasselbe hatten wohl Rinner und Geyer gefühlt, als sie zurückkamen, die Türen zuschlugen und »zurück« schrien.

»Zurück? Wohin?«

»Nach Sète!«

Man ließ uns nicht in die Pyrenäen. Die Auskunft, daß man angeblich nicht mehr nach Sète könne, hatte Breitscheid erhalten. Also? Rinner und Geyer wollten ans Meer, und wenn kein Schiff mehr ginge, so würden sie mit einem Fischerboot fahren. Mariechen meinte, daß der Anblick des Meeres beruhigend sei.

Der Autobus rollte wieder zurück. Als wir ganz in der Nähe von Castres waren, bremste der Chauffeur, der schon Übermenschliches geleistet hatte, plötzlich, legte seinen Kopf auf das Steuerrad und schlief. Im Autobus war nichts anderes zu hören, als das Schnarchen von Grötzsch. Das Sägen hörte plötzlich auf, und in derselben Sekunde fragte Grötzsch:

»Wo sind wir denn?«

»Vor Castres«, antwortete meine Mutter.

»Nich meechlich«, sächselte Grötzsch zurück. »Und die Deitschen nur dreisig Gilomäter vor Gaster, nich meechlich!«

Das war die dritte Nacht im Autobus. In der ersten fuhren wir von Tonneins nach Sète. In der zweiten standen wir in Montpellier und in der dritten, um uns von den Deutschen, die »30 km vor Castres standen« zu retten, stellten wir uns fünf Kilometer von Castres entfernt auf die Landstraße und schliefen.

Eine schicksalsschwere Trennung

Der anbrechende Tag fand uns auf dem Wege nach St. Pons. Die Fahrt durch Castres im Morgengrauen bewies uns, daß die Deutschen mehr als 30 Kilometer von Castres entfernt gewesen waren. Während wir durch die nun schon bekannten Wiesen und Täler fuhren, saß ich, nach vorne gebeugt, mit geschlossenen Augen auf meinem Platz und versuchte, mir auszurechnen, wie lange wir nun nicht mehr geschlafen hatten und wann ich mich das letzte Mal gewaschen hatte. Ich starrte vor Schmutz, meine Haare hingen in langen, unordentlichen Strähnen herunter, und mein Mantel und mein Rock waren mit Flecken besät. Der Autobus konnte auch nicht mehr als sauber bezeichnet werden. Ich hockte steif und krumm auf meinem ewigen Platz und schwor, daß, wenn ich einmal lebend aus dieser verstrickten Situation herauskommen sollte, so bald nicht wieder in einem Autobus reisen würde.

Gegen neun Uhr früh hielten wir in St. Pons und fanden, daß es gut sein würde, wieder einmal einen warmen Kaffee in den Magen zu bekommen. Der Speisesaal des hübschen kleinen Hotels, in dem wir schon einmal gefrühstückt hatten, wurde Zeuge einer Szene, die, schon damals fürchterlich, heute tragisch geworden ist.

Breitscheid hatte nie nach Sète gehen wollen. Er hatte uns, als wir in der Nähe waren, daran gehindert und nun, da die anderen fest entschlossen waren, nach Sète zu fahren, wollte er sich von der Gruppe, die ihn, wie er schon in Agen gesagt hatte, gefährde, trennen. Frau Breitscheid hatte auch schon in Agen die schicksalsschweren Worte geprägt: »Nun muß jeder sehen, wie er weiterkommt.« Mein Vater hatte nun seinerseits von Anfang an erklärt, daß der Sète-Afrika-Plan hirnverbrannt sei. Er hatte ebenfalls wenig Lust, diese Irrfahrt fortzusetzen und wollte nach Castres zurück, schlafen und das weitere, an dem wir doch nichts mehr ändern konnten, abwarten. Nun saßen sich Breitscheid und mein Vater am Frühstückstisch gegenüber. Ich saß neben ihnen und konnte jedes Wort hören. Breitscheid, dem sich Hilferding bereits angeschlossen hatte, versuchte mit seiner ganzen Überredungskunst, meinen Vater zu bewegen, mit ihm zu gehen.

»Aus Sète kommt keiner mehr heraus. Ich habe Beziehungen zur Regierung und werde mich von Castres aus mit ihr in Verbindung setzen. Sète ist eine Falle. Kommen Sie mit mir. Sie müssen sich retten, Sie sind es Ihrer Frau und Ihrer Tochter schuldig!«

Mein Vater fand sich in einer furchtbaren Situation. Er war mit Breitscheid durch langjährige Freundschaft verbunden und hielt seinen Plan für den vernünftigeren. Andererseits hatte er mit der Gruppe Vogel-Ollenhauer sieben schwere Emigrationsjahre verbracht, hatte eng mit ihnen zusammengearbeitet und fühlte sich dadurch zu ihnen gehörig.

Man versammelte sich wieder im Autobus. Breitscheid und Hilferding holten ihre Koffer vom Dach herunter, und plötzlich bat mein Vater den Chauffeur, auch unsere Koffer herunterzureichen. Breitscheid und Hilferding gingen zu der Autobushaltestelle.[25] Ich nahm einen unserer Koffer und ging hinter ihnen her. Ich lief zurück, schleppte den zweiten Koffer hin – die beiden anderen nahm meine Mutter. Nun standen wir schon mit allem Gepäck an der Autobushaltestelle – und mein Vater war noch nicht da. Was ich dachte und empfand, wußte ich nicht. Ich war nur irrsinnig nervös. Um elf Uhr sollte der Autobus kommen. Es war fünf vor elf, und mein Vater war noch immer nicht da. Die Minuten verrannen – mein Vater war nicht zu sehen. Mit Verspätung kam der Autobus – Breitscheids stiegen ein, der Autobus fuhr ab, und wir standen mit unseren Koffern an der Haltestelle – und mein Vater war noch nicht da.

Wir stellten unser Gepäck in das gegenüberliegende Café und gingen zurück. Mein Vater stand mit Rinner unter einem Baum und konferierte mit ihm. Vogel kam auf uns zu und sagte zu meiner Mutter: »Frau Stampfer, machen Sie es Ihrem Mann nicht schwer (als ob *sie* ihn überredet hätte, mit Breitscheid zu gehen). Ich möchte Ihren Mann nicht dem Mutwillen Breitscheids ausgesetzt wissen.« Mein Vater kam zu uns, müde und bleich. »Breitscheid ist abgefahren«, sagte meine Mutter. »Der nächste Autobus nach Castres geht am Abend. Wir müssen uns jetzt entscheiden, was wir tun wollen.«[26]

Ich hatte genug und ging ein paar Schritte zu einer kleinen Brücke und starrte in den Bach. Ich hörte Schritte hinter mir und drehte mich um. Meine Mutter stand hinter mir. »Komm die Koffer holen«, sagte sie.

Sète

Die Entfernung von St. Pons nach Sète ist nicht groß, wenn nicht gerade jemand auf die Idee kommt, über Montpellier zu fahren. Diesmal waren die Insassen des Autobusses fest entschlossen, den schnellsten Weg nach Sète zu nehmen. Ich wäre, aufrichtig gesagt, lieber mit Breitscheid gegangen, aber als ich wieder in unserem Autobus saß, war mir schon alles egal. So oder so, die Sache schien hoffnungslos. Wir waren schon mehr oder weniger Pakete, die man hin und her schafft. Ich war an dem Punkte angelangt, wo man nicht mehr denkt, nicht mehr fühlt, nicht mehr lebt. Ich war nicht einmal mehr verzweifelt. Alle paar Kilometer waren die Straßen »verbarrikadiert«. Zwei Steinhaufen waren links und rechts hintereinander aufgeschichtet, und ein paar Soldaten standen dabei. Ich fragte mich, ob man das als Schutz gegen die Tanks gebaut hatte und die Franzosen wie die Neger in Afrika mit Keulen gegen mit Gewehren ausgerüstete Weiße kämpfen wollten.

Wir näherten uns Sète und suchten vergeblich die Bestätigung der Auskunft, die Breitscheid angeblich in Montpellier bekommen hatte. Die Straßen waren leer, und außer den lächerlichen Barrikaden schien es keine Hindernisse zu geben. Gegen vier Uhr nachmittags kamen wir durch Béziers, das auf einen Hügel gebaut, mit seinen lehmfarbenen, flachen Häusern einen eigentümlich schönen Anblick bietet. Hinter Béziers zweigte sich unsere Straße, und neben einer besonders hohen Barrikade stand ein Wegweiser mit den vier großen, deutlichen Buchstaben: SETE. Diesmal hielt man uns an. Es war das erste Mal, daß Soldaten unsere Papiere zu sehen verlangten. Unsere »sauf-conduits« waren in Ordnung, und der Weg nach Sète war frei. Wir näherten uns dem Meer. Die Luft wurde salzig, der von Gestrüpp bewachsene Boden schimmerte weiß. In der freudigen Erwartung, das Meer zu sehen, richtete ich mich auf. Ich hatte so lange das Meer nicht mehr gesehen. War es nicht schön, daß ich es noch einmal sehen sollte, bevor ich starb? Auf einmal erblickte ich, links von uns, ein eingezäuntes Gebiet, über dem, neben der Trikolore, die – tschechische Flagge wehte. War das ein Wink, ein Trost, ein Zeichen der Hoffnung? Ein paar Soldaten standen am Eingang. »Nazdar«[27], schrien wir. Die Soldaten blickten uns verständnislos an. Die Tschechen hatten das Lager verlassen.

Wir fuhren weiter. Der frische Seewind pfiff, die Sonne brannte. Das Meer sandte seine Boten, um uns zu grüßen. Waren das Zeichen einer nahenden Rettung? Das Land war von Wasser bedeckt. Große Salzmühlen häuften weiße Berge vor sich. Ganz in der Ferne schimmerte etwas. Der Streifen wurde breiter, breiter – das Land schien zu fliehen und vor uns lag in seiner glänzenden, unruhigen Schönheit – das Meer. Das Meer, das wogende, schimmernde, freie Meer. Dort, irgendwo hinter dem Meer, gab es Leben, ohne Furcht, ohne Hunger, ohne Blut, ohne Tränen. Das Meer lag da, blaugrün und ruhig, als wir in Sète einfuhren.

Der erste Weg war zur Police Spéciale, zum Freunde des Polizeikommissars von Tonneins. Wir hielten vor dem Bahnhof, und Rinner und Geyer gingen zum Kommissar. Nach kurzer Zeit kamen sie heraus, winkten einem Taxi und schrien in unseren Wagen hinein: »Draußen im Hafen liegen drei englische Kriegsschiffe, die die tschechische Legion[28] nach England mitnehmen. Gebt eure Karten, wir müssen nach

75

Montpellier, um Ausreisevisen zu holen. Wenn alles gutgeht, können wir morgen früh aufs Schiff.« Bevor wir noch begreifen konnten, was los war, waren sie weg, und wir saßen wieder einmal im Autobus und warteten, warteten.

O Hoffnung, goldener, leuchtender Hoffnungsstrahl! Erhabene Retterin, die du deine Strahlen sendest, in die Finsternis der Kerker der Verzweiflung. Mächtige Göttin, die du dein Licht schicktest, in die schwärzeste Nacht des Unheils, du kamst zu mir! Dein verheißendes Flüstern brauste um meine Ohren, dein Atem vereinte sich mit meinem und dein schwacher, stärker werdender Hauch machte mich trunken. »Leben«, flüstertest du, »wonniges, junges Leben! Arbeit«, murmeltest du, »harte und schwere, doch fruchtbare, fruchttragende Arbeit.« »Freiheit«, sagtest du, »Freiheit und Menschenwürde, Erhabenheit und Glück.« »Liebe und Glück«, riefest du, »Freude und sonniges Leben.« »Rettung«, schriest du, »Rettung vor Sklaverei, Rettung vor Schmach und Tod.« Du senktest deine Schleier über mich, o Hoffnung! Erhabene Göttin, du kamst zu mir!

Es ist ein merkwürdiges, spannendes, aufregendes, oft grauenhaftes und doch so interessantes Leben, das wir leben! Da saßen wir nun, im Jahre neunzehnhundertundvierzig nach Christi Geburt, am vierundzwanzigsten Tage des sechsten Monats, in dem roten Autobus mit dem stolzen Namen Thorel, auf dem Bahnhofsplatze des Hafens Sète oder Cette, gelegen im schönen Land Frankreich, am Golfe du Lion des Mittelländischen Meeres, um die 18. Stunde des oben benannten Tages und warteten. Es geschah nun, daß nach etwas mehr als zweistündiger Wartezeit ein Taxi neben dem roten Autobus hielt, daß diesem Fahrzeuge zwei Herren entstiegen, die ein paar grüne Papiere über ihren Köpfen schwenkten, und daß eine Sekunde darauf jeder der einundzwanzig Fahrgäste, schwarz auf grün, sich im Besitze des folgenden Dokumentes befand:

Visé le présent passeport pour se rendre EN AFRIQUE valable pour un visa de sortie par Sète.

Montpellier, 24 juin 1940
Délai 8 jours

Pour le Préfet de l'Hérault et par délégation

Le Fonctionnaire de l'Administration Préfectorale

Wird man mir noch einmal sagen können, daß es unmögliche Dinge gibt? Soll man nicht an Wunder glauben können? Im Verlauf von zwei Stunden waren Rinner und Geyer nach Montpellier gefahren und hatten 21 Visen erhalten. Wer ist dieser anständige »Fonctionnaire de l'Administration Préfectorale«?

Visen zu haben ist zwar sehr schön, nur gehört ein Schiff dazu, da man sich leider nicht auf das Visum setzen kann, um über den Ozean zu schwimmen. Aber das Hafenbüro war schon geschlossen, und bis zum nächsten Morgen war nichts zu machen.

Es ist merkwürdig, wie zäh Menschen sind, und wie hartnäckig sie dem Schicksal trotzen. Wir waren müde, und wollten ein Bett haben. Oft und oft und oft sind wir am Abend herumgeirrt, um Unterkunft zu finden, immer und immer und immer sind wir abgewiesen worden und doch zogen wir in Sète von neuem herum.

»Vous avez des chambres à louer?«

»Pas une seule.«

»Où est-ce que je pourrais demander encore?«

»Dans la grande maison grise, là-bas!«

»Y-a-t-il des chambres à louer?«

»Tout est pris. Essayez le au Grand Hotel.«

Das Grand-Hotel ist schwer zu finden. Wir fragen uns durch. In der großen Halle des Grand Hotels kommt uns ein eleganter Herr entgegen, der uns mit etwas spöttischen Blicken betrachtet. »Il n'y a rien.« Ich spreche auf der Straße eine Dame an.

»Excusez-moi, Madame, pourriez-vous me dire où l'on peut encore trouver des chambres?«

»Allez chez Mme. Dupont, 19, rue de Montpellier. Elle loue des chambres meublées.«

»Mme. Dupont? Avez-vous des chambres libres?«

»Pour combien?«

»Pour trois.«

»Ma pauvre petite, je n'ai qu'une mansarde.«

»Montrez, toujours.«

Im obersten Stock befindet sich ein Raum ohne Fenster, in dem man nicht aufrecht stehen kann, und in diesen elenden vier Wänden steht ein Gerüst mit vier Beinen, einer Matratze, einem Leintuch, einem Kopfpolster und einer Decke, ein Bett, ein wirkliches Bett! Wir versichern Mme. Dupont, daß wir dieses Gemach mieten werden, zahlen einen hohen Preis dafür, und stehen wieder auf der Straße. Ein Bett für drei Menschen! Wenn man nicht noch etwas findet, wird sicher keiner von uns dort hingehen! Es ist mir furchtbar peinlich, wie ein Bettler an eine Haustür zu klopfen. Aber diesmal mußte ich es tun. Vor einem kleinen Haus sitzen ein paar alte Weiblein. Ich fasse mir ein Herz und frage schüchtern, ob sie uns nicht ein Zimmer vermieten könnten. Erst schauen uns die Weiblein an und sagen nichts.

»*Nous payerons bien.*«

»*J'en aurais une*«, sagt eine, »*mais je suis seule*« und blickt auf meinen Vater. Wir erklären, daß es nur für meine Mutter und mich wäre. Die Alte atmet erleichtert auf und führt uns hinauf. Ihre Wohnung besteht aus einer Küche, die ein Fenster hat, einem anschließenden Zimmer mit einem Bett, ohne Fenster, und einem zweiten Schlafzimmer, ebenfalls ohne Fenster. Dieses zweite Zimmer wäre für uns. Nur zu glücklich, eine Unterkunft, so schlecht sie auch sei, gefunden zu haben, gehen wir zum Hotel, das als Treffpunkt ausgemacht war, zurück.

Wir kamen zu spät zum Essen, und es war halb elf, als wir endlich fertig waren. Die anderen hatten keine Unterkunft gefunden und beabsichtigten, die Nacht im Café zu verbringen. Else Lehmann[29], die ein Zimmer in derselben Straße wie wir gefunden hatte, trat es an Frau Wels ab. Kurz vor elf machten wir uns, von Frau Wels begleitet, auf den »Heimweg«. Wenn ich jemals erlebt habe, was Verdunklung ist, dann war es in Sète. Ich hatte noch nie vorher eine so völlige Dunkelheit gesehen. Ob »sehen« der richtige Ausdruck ist, weiß ich nicht, denn man »sah« buchstäblich nichts. Alle 500 Meter war eine Laterne, die so schwach war, daß sie diesen Namen gar nicht verdiente. Da standen wir nun, mit der kranken Frau Wels unterm Arm, in einer stockfinsteren, wildfremden Stadt, und wollten »nach Hause«. Ich sagte, daß es besser wäre, im Café zu bleiben, als ins Wasser zu fallen. Mein Vater schien meiner Meinung zu sein, Frau Wels sagte gar nichts, und meine Mutter machte sich auf den Weg. Nach 20 Minuten kamen wir vor unseren Häusern an. Wie meine Mutter den Weg gefunden hat, weiß ich heute noch nicht.

Panik

Am nächsten Morgen wachte ich neben meiner Mutter in einem altmodischen französischen Bett auf. Als wir in der Nacht angekommen
waren, hatte die alte Frau noch in der Küche gesessen und auf uns
gewartet. Sie sagte, daß sie uns doch lieber ihr Bett im vorderen Zimmer geben wolle, da es breiter sei. Um sechs Uhr früh hantierte sie
schon in der Küche herum und kochte Kaffee. Sie erzählte uns, daß
ihr Mann schon lange tot sei und daß sie allein lebe. Als wir aufstan-
den, um zu gehen, holte sie etwas Schokolade – eine Rarität – aus dem
Schrank und gab sie mir weinend. Arme, alte Frau!
Es war ein kühler, grauer Tag. Die Wolken zogen langsam und dro-
hend über den Himmel. Ein paar Möwen kreisten über unseren Köpfen. Das Hafenwasser, braun und schmutzig, schlug gegen die
Mauern. Es war noch sehr früh, und die Straßen waren fast leer. Ein
paar kleine Schiffe und Kähne lagen regungslos im Wasser, schienen
seit einer Ewigkeit dort zu sein und noch lange, lange angekettet zu
bleiben. Das ganze Hafenbild, sonst so lustig, so bunt, so geschäftig
und regsam, war farblos und träge. Sète war ein toter Hafen geworden. Ein toter Hafen? Die Nervosität beschleunigte unsere Schritte,
als wir ins Café gingen. Dort angekommen, fanden wir die anderen
ziemlich schweigsam am Frühstückstisch. Rinner und Geyer seien bei
der Hafenpolizei, und man wisse noch nichts...
Man brachte uns Kaffee, und wir rührten im Kaffee herum, mit immer
steigender Nervosität. Wird man uns alle aufs Schiff nehmen? Eine
Horde Deutscher? Wird der englische Offizier nicht mißtrauisch
sein? Angenommen, es sind zehn Plätze, wer sind die zehn, die sie
nehmen? Die Uhr tickt und tickt. Schon wieder warten. Und wenn
wir auf das Schiff kommen, werden wir die Seereise überstehen, oder
wird ein Torpedo unseren Sorgen ein schnelles Ende bereiten? Mein
Kopf brummt, ich weiß schon nicht mehr, was uns geschieht. Warum
waren wir auch so dumm, nicht früher das Land zu verlassen? Warum
hatte mein Vater die Idee »Amerika« so zurückgewiesen? Meine Gedanken sind wie ein Bienenschwarm. Alles brummt und hüpft und
wimmelt und wirbelt durcheinander. Die Uhr tickt und tickt. Ich kann
schon nicht mehr warten.
Ich hatte nicht mehr zu warten. Die Tür sprang auf, ein grauer Regenmantel flog durch die Luft, zusammengeballt wie ein Geschoß, prallte
gegen eine Bank und rutschte herunter. Rinner stand in der Tür, to-

tenbleich, mit zitternden Lippen und bebenden Händen. Der Regenmantel, grau wie der Himmel, grau wie die Luft, grau wie die Zukunft, grau wie manches Gesicht, lag, zusammengeballt und unbeachtet, unter dem Tisch.

Der Ring schließt sich

Um drei Uhr nachts hatten die englischen Schiffe den Hafen verlassen. Es galt nun, Sète so bald wie möglich zu verlassen, denn es schien selbstverständlich, daß die Mittelmeerhäfen besetzt werden würden. Der commissaire spécial glaubte zu wissen, daß alle Grenz-Départements besetzt werden sollten und daß das Innere Frankreichs »frei« bleiben solle. Er riet uns, Sète sofort in nördlicher Richtung zu verlassen. Wir fanden uns wieder im Autobus. Es sah unheimlich aus. Eine völlige Inaktion, Unentschlossenheit und Desorganisation. Mein Vater, der seit unserer Abreise von Agen, bis auf den Zwischenfall in St. Pons, überhaupt keine Meinung geäußert hatte, saß völlig zusammengesunken auf seinem Platz. Die anderen liefen wie aufgescheuchte Hühner hin und her. Der eine wußte nicht, wo der andere war, man konnte nicht abfahren und verlor Zeit. Schließlich war es ja egal. So oder so, alles schien verloren.
Schließlich, als wir durch ein Wunder »vollzählig« waren, teilte uns Geyer mit, daß er die Absicht habe, in Sète zu bleiben. Er habe ein kleines südamerikanisches Schiff aufgestöbert, das für eine ungeheure Summe bereit war, ihn und seine Familie nach Oran zu bringen. Wenn der Kapitän mit dem Preis nicht herunterginge, könne er dieses Schiff nicht nehmen. Er halte es aber in allen Fällen für das beste, in einer Hafenstadt zu bleiben. Diese Mitteilung brachte neue Unentschlossenheit in die Gesellschaft. Sollte man in Sète bleiben, sollte man nach Castres gehen oder, besser, versuchen, dort hinzugelangen? Nach langem Hin und Her verabschiedete man sich von Geyers – ich dachte, daß ich sie nie wiedersehen würde –, und der rote Autobus schlug den Weg ein, den er gekommen war.[30]
Wir erinnerten uns, daß wir keine »sauf-conduits« hatten und stoppten vor der Gendarmerie. Ein paar Leute, darunter Rinner, stiegen aus, um den etwas aussichtslosen Versuch zu machen, Papiere zu bekommen. Wir waren alle müde und am Ende unserer Kräfte; in welcher Verfassung aber war der Chauffeur, der Tag und Nacht schwer

gearbeitet hatte. Und dann, da er absolut nicht wußte, worum es bei uns ging, mußte er uns für wahnsinnig halten. Plötzlich geschah etwas völlig Unerwartetes, Erschreckendes. Wir standen noch immer vor der Gendarmerie und warteten, als der Chauffeur Gas gab, und mit ungeheurer Geschwindigkeit davonfuhr. Was er beabsichtigte, weiß ich nicht. Mein Vater sprang auf, stürzte nach vorn und schrie: »*Retournez! Il en va de notre vie!*« Der Chauffeur, der erst überhaupt nicht hörte, stoppte plötzlich und drehte um. Ich fragte mich, ob zu allem Überfluß auch noch der Chauffeur wahnsinnig geworden sei. Zurück bei der Gendarmerie, fanden wir Rinner mit »sauf-conduits« und traten nun die schwerste Fahrt an, die je in einem Autobus gemacht worden ist.

Hätte jemand, auf dem Zauberteppich aus Tausendundeine Nacht über Frankreich schwebend, hinuntergeblickt auf das unendliche menschliche Elend, hätte er mit einer Zauberlampe hineingeleuchtet, in die Tiefe der menschlichen Seele, wie viele Tränen hätte er fließen, wie viele Wunden bluten, wie viele Herzen sich in wildem Schmerz zusammenkrampfen gesehen. Hätte der Teppich ihn dann weitergeführt durch das nie endende Reich des Jammers, und wäre er dann über einem roten Autobus angelangt und hätte seine Lampe ihm gezeigt, wie es um die paar Menschen stand, die zusammengekauert in jenem Wagen saßen, so hätte er gedacht, was ist dies, gemessen am Maßstabe des Elends, gemessen am Unglück der Gesamtheit, und wäre weitergeflogen, weiter, weiter und immer weiter durch das irdische Reich des Jammers. Und doch, wie war diesen armen Wichten zumute! Es gibt auf dieser weiten Welt nichts, was die Menschen erbärmlicher machen kann als die Angst. Wenn das Grauen, diese kalte, feuchte Schlange, den Menschen in seinen Umklammerungen gefangen hat und sich um seinen Körper windet, und höher und höher kriecht und der Brust in seinem kalten Druck den Atem raubt und mit seiner eisernen Umklammerung den Hals würgt, dann ist es um das elende Opfer geschehen, dann verliert der Mensch jene Würde, die ihn von anderen Lebewesen unterscheidet, dann ist er nur noch ein erbärmliches Nervenbündel, ohne Willen, ohne Kraft, ohne Vernunft, erniedrigt und zerschmettert. Und wenn die kalte Schlange, die Furcht, die Ratgeberin des Menschen wird, wenn der Mensch aus Angst handelt, wehe den Folgen, denn alles, was aus Angst geboren wird, ist schon vor der Entstehung verurteilt.

Auch ich wurde ein Opfer jener Furcht. Den Kopf auf meines Vaters

Brust, zählte ich die Minuten, in denen wir noch vereint waren. Bis jetzt waren wir vor den Deutschen davongefahren, und nun fuhren wir ihnen entgegen. In der Absicht, nach Castres zu gelangen, wußten wir nicht, ob die Deutschen nicht schon in Castres waren. Wir wußten nicht, ob sie nicht schon über Castres hinaus waren, wir wußten nicht, ob nicht die nächste Minute uns die tödliche Umarmung bringen würde. Mein Vater entnahm seiner Westentasche ein paar tausend Francs, gab sie meiner Mutter und sagte: »Ich gebe dir alles, was ich habe. Versprich mir, daß du dir nichts antun wirst.« Ich hatte weder gehört noch gesehen, was vorgegangen war, ich sah nur, daß meine Mutter – sonst immer so ruhig und tapfer – weinte. Und, an jenem Punkte der Verzweiflung angelangt, wo der Verstand nicht mehr mit den Gefühlen Schritt halten kann, schmiegte ich mich an sie und fragte sie, warum sie weine. Ich fühlte dumpf, daß ich begann, mich gegen mein Schicksal aufzulehnen. Warum war es so? Warum durfte ich nicht mehr leben? Warum befand ich mich am Abgrund, wo ich noch kaum begonnen hatte, den Weg des Lebens zu erklimmen? Warum fiel jener Felsblock auf meinen Lebensweg? Warum drohte jene Lawine uns zu zerschmettern? Warum? Warum? Warum?

Erschöpft beugte ich mich nach vorn und fiel in einen Zustand, der weder Schlaf noch Wachsein ist. Meine Gedanken versagten ihren Dienst, ich hatte nur noch ein wirres, unbestimmtes Gefühl, das sich nicht beschreiben läßt. Jedesmal, wenn der Autobus stoppte, sei es an einer Straßenecke oder an einer Barrikade, oder wenn ein Gendarm uns zur Kontrolle anhielt, fuhr ich mit rasend pochendem Herzen auf. Von Angstschweiß bedeckt, riß ich die Augen auf: Jetzt sind es die Deutschen. Wenn ein einsamer, vergessener Tank heranrollte oder ein Militärtransport in Sicht war, sagte ich mir, *ça y est, cette fois-ci.*

Eine Ewigkeit verging. Der Autobus hielt. Wir waren wieder in Castres. Nach dreitägiger Irrfahrt entstiegen wir endgültig dem Autobus. Als ich, eine Weile später, auf der Matratze bei Mme. Cros lag, fragte ich meinen Vater:

»Und nun?«

»Warten.«

Eine Sekunde später schlief ich.

Artikel 19

Am frühen Morgen des folgenden Tages, dem 26. Juni 1940, ging mein Vater in den herrlichen alten Garten, der sich hinter dem Haus, in dem wir wohnten, erstreckt, spazieren. Plötzlich trat eine kleine, lebhafte Frau mit braunen Augen und schwarzen Haaren auf ihn zu und rief: »*Monsieur, vous savez déjà?*« Mein Vater, verlegen wie immer wenn er eine fremde Sprache sprechen muß, fragte: »*Mais quoi donc?*« – »*Les conditions d'armistice*«, sagte die kleine Frau. »*La ligne de démarcation monte des Basses Pyrenées jusqu'à Tours, passe par Moulins et va jusqu'à la frontière suisse.*« – »*Nous... nous sommes donc en territoire occupé?*« stammelte mein Vater. »*Mais non, mais non!*« rief die kleine Frau, lief ins Haus und holte eine Karte. Als ich aufwachte, brachte mir mein Vater die ›*Dépêche de Toulouse*‹. Von einem großen Trauerrand, der die ganze erste Seite umfaßte, umrahmt, erschien die Karte von Frankreich, zwei Drittel des Gebietes schwarzgestreift. Die atlantische Küste, von den Pyrenäen bis zur belgischen Grenze war besetzt. Ein Teil der Pyrenäen und – die Mittelmeerküste blieben frei!

Wir befanden uns im weißen Gebiet. Ich starrte auf dieses verstümmelte Frankreich, auf den Trauerrand, auf Paris, diesen kleinen Punkt im besetzten Gebiet, ich starrte auf diese schwarzweißen Linien, die über einen so großen Teil des Gebietes liefen und das Unglück, nicht das unsere, kleine, sondern das große Unglück Frankreichs und Europas, stieg in seiner ganzen Größe vor mir auf. Der Zusammenbruch aller Kräfte vor dem Bösen offenbarte sich mir in seinem ganzen Ausmaß. Mit dieser Karte inmitten eines Trauerrandes – dieses erschütternden Anblickes – stürzte alles zusammen, was noch gestanden hatte, alles. Der Weg zur Barbarei, zur Unterdrückung, zur Knechtschaft, stand offen. Die Ideale der großen Revolution waren besudelt und erniedrigt. Der große Kampf schien verloren...

Was uns betraf, unser nichtiges Schicksal, wußten wir, daß wir Zeit gewonnen hatten und eine Atempause bekommen würden. Es war wieder ein ganz kleines, mühsam flackerndes Fünkchen Hoffnung da. Natürlich war auch das unbesetzte Gebiet in Hitlers Händen. Aber zunächst hatte er anderes zu tun, als sich um uns zu kümmern. Weiter als morgen darf man ja nicht denken. Übermorgen ist ein ganz entfernter, weiter Begriff.

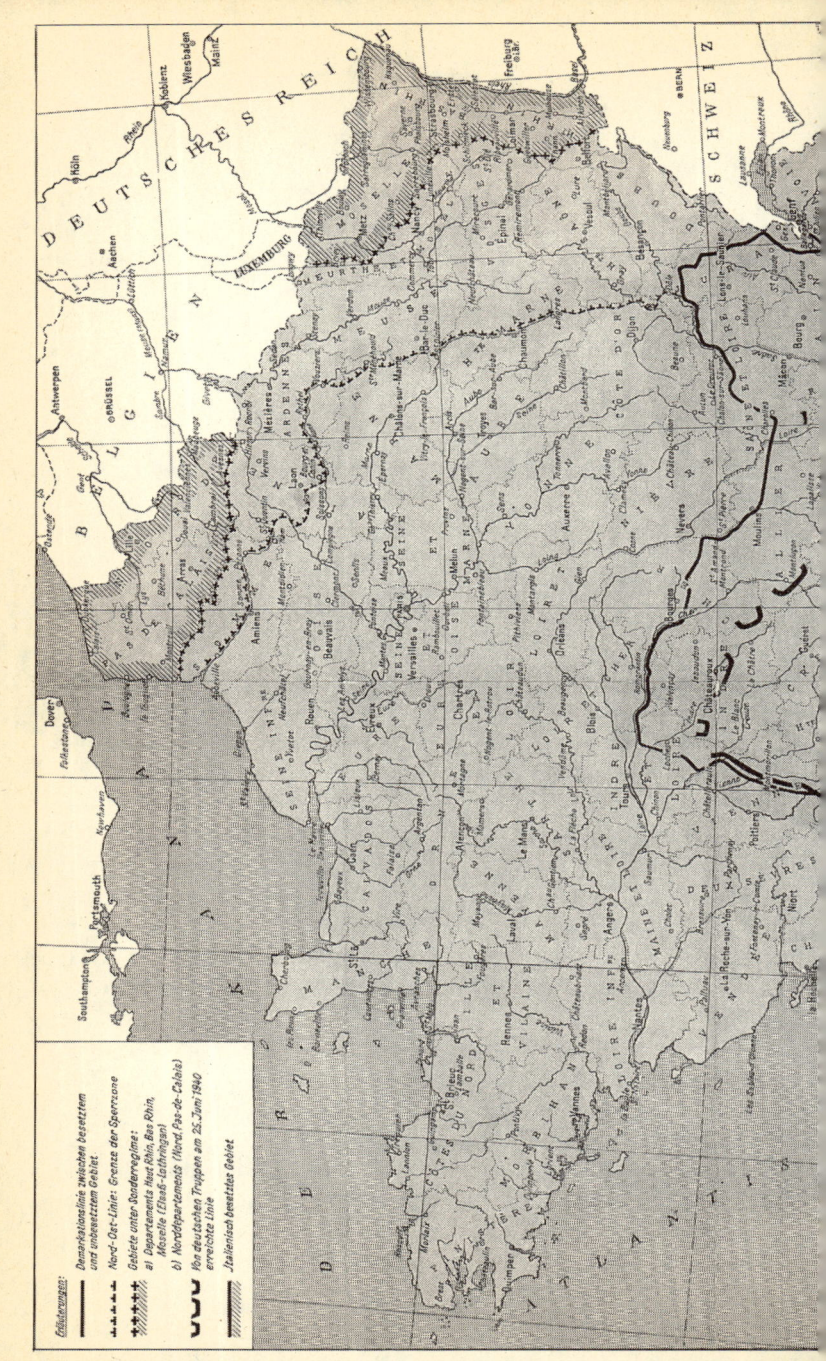

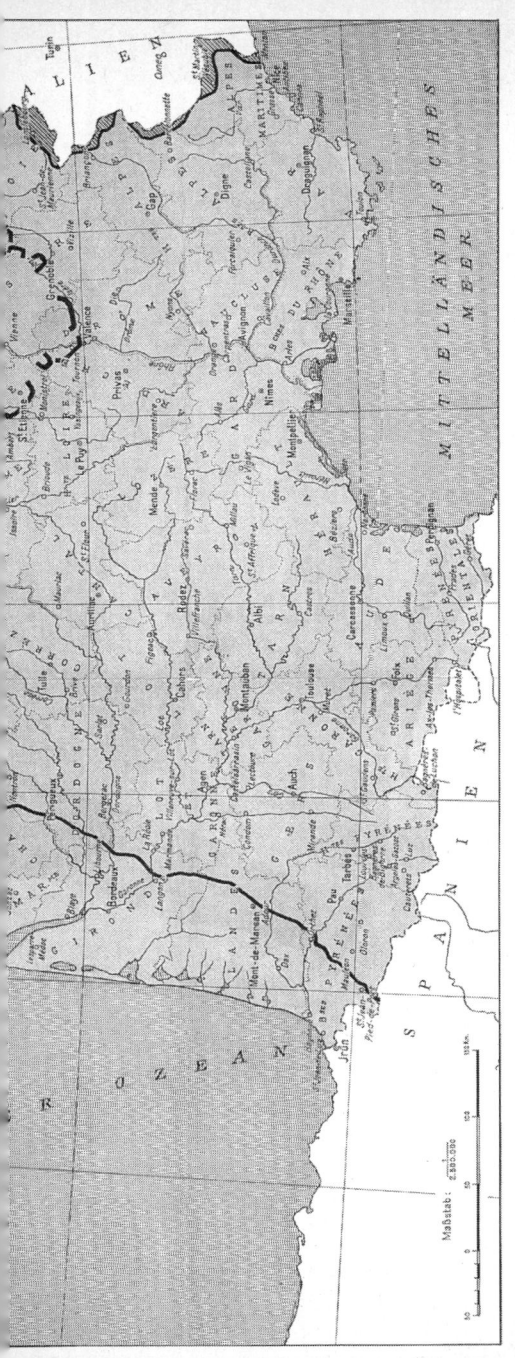

Verlauf der Demarkationslinie im Herbst 1940

Rinner kam zu uns, in einem ähnlichen Zustand wie damals in Sète. »Wir sind verloren«, rief er. »Im Artikel 19 wird unsere Auslieferung verlangt. Ich bleibe nicht hier. Ich gehe nach Spanien.« Es folgte eine lange Auseinandersetzung zwischen dem zitternden Rinner und meinem ruhigen Vater. Mein Vater versuchte zu beweisen, daß rein juristisch genommen Artikel 19 nicht auf uns bezogen werden kann. Natürlich ist das Wort »Recht« nur noch ein Gegenstand des Spottes, und wenn Hitler unsere Auslieferung verlangt, wird er sie bekommen. Er braucht dazu den Artikel 19 nicht. Rinner blieb steif und fest dabei, daß sich dieser Artikel auf uns beziehe und daß unsere Auslieferung unmittelbar bevorstehe. »Ich gehe nach Spanien, ich gehe nach Spanien«, wiederholte er. »Gehen Sie«, sagte mein Vater, »aber lassen Sie Ihre Frau hier. Ich möchte nicht, daß sie in einem spanischen Gefängnis verkommt.« Rinner ging weg, totenbleich, und der Artikel 19 wurde noch oft der Gegenstand aufgeregter Diskussionen.[31]

Ein Telegramm und ein Brief

Eine im Verhältnis zur Autobusfahrt ruhige Woche verging. Wir hatten die Aufenthaltsbewilligung in Castres erhalten und waren an einem Ruhepunkt angelangt. Unsere aufgepeitschten Nerven kamen nach und nach in einen menschlicheren Zustand. Wir verkrochen uns in unserem herrlichen Garten, um nur den anderen nicht begegnen zu müssen, die ständig Panik um sich verbreiteten. Etwa zehn Tage vergingen, ohne daß irgend etwas Besonderes geschah. Rinner ging weder nach Spanien, noch wurde er ausgeliefert. Vogel und Ollenhauer ertränkten ihre Sorgen in einer gewissen, in Frankreich sehr billigen Flüssigkeit. Der Rest der Gesellschaft vertrieb sich die Zeit mit Beleidigtsein, Eifersüchteleien und Streit. Wenn man nichts zu tun hat, muß man irgendeine Beschäftigung herbeizaubern. Anders geht es nicht.
Sobald wir die Gewißheit hatten, daß sich die amerikanische Botschaft in Vichy befand, sandten wir ein Telegramm an den Gesandten, mit der Frage, ob er irgend etwas tun könnte. Man hätte glauben sollen, daß die amerikanische Botschaft überlaufen war, daß die Post nicht funktioniere und daß mindestens ein Telegramm, entweder die Frage oder die Antwort, verlorengehen würde. Aber wie gesagt, in

Frankreich ist nichts unmöglich. Ich kam ein paar Tage, nachdem das Telegramm aufgegeben worden war, von einem Spaziergang nach Hause. Meine Eltern saßen sehr still im Zimmer, und mein Vater sagte nach einigem Schweigen: »Es tut mir leid, mein Kind. Du hast dir Hoffnungen gemacht, daß wir gerettet werden könnten. Du hast geglaubt, daß die Amerikaner uns helfen können. Nun, ich habe dir immer gesagt, daß die Aussichten nur ganz, ganz gering sind.« In unserem Zimmer standen zwei große, altmodische Großvatersessel. Sie hatten Ohrenlehnen, auf den Lehnen und dem Rücken lagen Spitzendeckerln, und sie waren mit einem samtartigen Stoff überzogen. Der Stoff war von einem eigenartigen, komplizierten Muster bedruckt. Große gelbe Blumen waren mit bizarren Zweigen verschlungen. Während mein Vater sprach, fiel mein Blick auf diese Sessel. Ich konnte ihn nicht abwenden, er wanderte auf und ab, kreuz und quer und folgte den Schlingen. »Nun«, fuhr mein Vater fort – auf und ab, kreuz und quer – »wir haben ein Telegramm bekommen.« Die gelben Blumen waren plötzlich ganz verschwommen. Ich nahm ein grünes Stück Papier und las:

M. F. STAMPFER, 8 AVENUE D'ALBI, CASTRES, TARN.

REGRETTE IMPOSSIBLE INTERVENIR
AMBASSADE ETATS UNIS

Die gelben Blumen begannen zu tanzen.
»Ist jetzt – alles – aus?«
»Ich weiß nicht. Augenblicklich ist gar nichts zu machen.«
»Die Amerikaner können nichts tun«, sagte meine Mutter. »Es hat keinen Sinn zu verhelen, daß jetzt so ziemlich alles vorbei ist.«
Ich saß auf den Knien meines Vaters – wie oft saß ich dort – und legte meinen Kopf auf seine Brust, wie um den drohenden Schatten abzuwenden, der über uns lag.

Einige Zeit später fiel in einen Briefkasten in Castres ein Brief, der den weiten Weg nach Amerika machen sollte. Er war von einem jüdischen Kaufmann an Rechtsanwalt Karlin, 350 Central Park West, New York City gerichtet.[32] Der englische Zensor 1160, der diesen Brief öffnete, fand das folgende Schreiben:

Chers amis,

Vous êtes certainement curieux d'apprendre comment nous avons passé les dernières semaines. Nous avons quitté notre foyer juste avant l'arrivée des troupes allemandes et nous sommes arrivés après des voyages de zigzag ici dans le Midi. Si je dis »nous« je parle non seulement de ma famille, mais aussi de nos corréligionaires et compagnons, avec lesquels j'ai passé les dernières années. Naturellement, notre commerce en Europe est pour le moment ruiné et dans les circonstances actuelles nous ne pouvons y songer à le reprendre. Je ne peux donc pas exécuter les ordres de Mr. Carnes – je le regrette, c'est bien dommage. Je pense souvent à lui, comment vivrait-il ici, où le vin ne coûte presque rien.

D'ailleurs, la vie devient de plus en plus chère. Nous n'avons que peu d'argent, car nous avons eu des pertes énormes. Mais il faut nous arranger jusqu'à ce que les communications soient rétablies et alors nous serons obligés de vous en demander. (Vous savez certainement que la somme annoncée n'est pas arrivée.) Venir chez vous est naturellement notre rêve. J'ai télégraphié à cause de cela à William et Matthew.[33] Matthew nous a conseillé de transférer notre commerce en Angleterre, nous y avions déjà songé, mais maintenant il ne peut pas en être question, cela va de soi-même. Nous nous sommes adressés à votre ambassade qui nous a répondu qu'elle ne put pas »intervenir«. Mais nous ne voulons pas abandonner l'espoir qu'un jour nous allons recevoir de meilleures nouvelles. Nous vous prions, ainsi que nos autres amis, de réfléchir ce que vous pourriez faire pour nous. Il sera un peu compliqué de nous télégraphier, car nous ne savons pas pendant combien de temps nous allons rester ici. Toutefois, nous serions contents d'avoir bientôt de vos nouvelles et si vous avez quelque chose d'important à nous communiquer, télégraphiez à l'adresse d'une amie (marquée ci-dessous) qui nous fera suivre notre courrier.

Je vous envoie mes amitiés, ainsi qu'à Madame, Rodolph[34] et nos autres amis,

S. Bedrich

Ruhe im Sturm

Der Schatten des großen Kastanienbaumes, unter dem ich sitze, kriecht über die Rasenfläche. Ein rötlicher Strahl taucht die Welt in ein lebensfrohes Rosa. Ein Käfer krabbelt mühsam über den Kiesweg. Auch seine Wege sind nicht glatt... Der vollaufgeblühte Rosenstrauch duftet süß. Das frische Grün der Buche hebt sich in wundervoller Farbensymphonie von dem Schwarz-Grün der großen Eibe ab. Durch die Büsche hindurch sieht man die grauen Mauern des Hauses. Vom Garten aus gesehen, sieht es mit seinen zwei Stockwerken, seinen langen französischen Fenstern und seiner einfachen Bauart so anheimelnd und lieb aus. Ich weiß nicht, wie das kommt, ich weiß, daß es ganz anders ist, aber ich muß immer an Mårbacka[35] denken, wenn ich es sehe. Es sieht so friedlich aus, in seiner ländlichen Einfachheit. Der Schatten des Kastanienbaums ist nur noch undeutlich zu erkennen. Ein paar Minuten noch, und er wird ganz verschwunden sein.

Mein Kastanienbaum! Sein schwarzbrauner knorpeliger Stamm ist an der Gartenmauer angelehnt. Ein kleines Steinbänkchen steht neben ihm. Seine breite, volle Krone überragt die Mauer um Manneshöhe. Niemand hat sich seinem freien Wachsen entgegengestellt, niemand hat ihn beschnitten. Seine Zweige sind so lang, daß sie den Kiesweg und den Rasen berühren. Es ist so schön, in diesem grünen Haus zu sitzen, unter dem Schutz des dichten Daches und der starken Zweige. Es ist zu schön, einen Zufluchtsort zu haben, eine Stätte, wo man sich geborgen fühlt, einen Ort, wo man träumen kann und wo man stundenlang Lamartine und Musset und Hugo lesen kann. Es gibt keinen schöneren Platz für Lamartine, als diesen alten, romantischen Park. Wie schön ist es, wenn der silberne Mond sein mildes Licht über die Rasenfläche ergießt und wenn die Elfen in weißen Gewändern aus dem Nebel kommen, um im Mondlicht zu tanzen. Die Mauern, die den Garten umgeben, waren ein Schutz, Schutz gegen Angst und Furcht und Grauen, Schutz gegen die Gefahr, die draußen lauerte, Schutz gegen das langweilige, ziemlich häßliche Provinzstädtchen. Castres war bald komisch, bald tragisch, bald reizvoll, bald zum Einschlafen langweilig. Nichtsdestoweniger sind die Castraiser stolz auf alles, was zu Castres gehört, auf ihr Theater-Kino, ihre Cafés, ihr »Magasin«, ihr Bains-douches, ihren Agoût, ihr Rathaus und nicht zuletzt darauf, daß die Wiege von Jean Jaurès[36] in Castres gestanden hat. Jean Jaurès war zwar ein Roter, und Rot war zur Zeit nicht die bequemste Farbe, aber Jean Jaurès war ein großer Mann, und so viele große Männer hat eine Stadt von 28000 Einwohnern schließlich nicht. Man darf es nicht so genau nehmen. Das Zentrum des Castraiser Lebens ist die Place Jean Jaurès, ein ziemlich großer Platz, an dessen Spitze eine gute Statue von Jaurès steht. Wenn jemand in Castres vornehm ist, geht er in ein Café auf den Platz. Drei- oder viermal in der Woche kommen die Bauern aus der Umgebung zum Markt auf dem Platz. Es ist interessant, wie oft die Schauspieler des großen Dramas »Leben« ihre Rollen tauschen. Früher mußte eine Marktfrau, der man etwas abgekauft hat, noch »danke« dazu sagen, und jetzt? Der Marktplatz von Castres bot oft den Anblick eines Schlachtfeldes dar. Bäuerinnen, die einen Korb von weißem Magerkäse unterm Arm trugen, erreichten den Marktplatz überhaupt nicht. Bitteschön, ich schreibe hier keine dunkle Mordgeschichte wie zum Beispiel: Eine hübsche junge Bäuerin schritt, einen Korb über ihren Arm, wohlgemut ihres Weges daher. Sie ging leichten Schrittes einen Waldweg entlang, als plötzlich, wie aus dem Boden gewachsen, eine schwarze Gestalt vor ihr stand. Erstens gibt es keinen Wald bei Castres, und zweitens sind die Franzosen, wenn auch käsehungrig, nicht blutdurstig. Ich wollte also nur sagen, daß der Käse den Marktplatz nicht mehr erreichte und daß die Bäuerin infolgedessen keinen Grund mehr hatte, sich dorthin zu begeben. Dies nur nebenbei.

Wenn man vom Denkmal sich nach rechts wandte, kam man, am Grand Hotel vorbei, zum Rathaus, das zu den Sehenswürdigkeiten der Stadt Castres gehört. Hinter dem Rathaus liegt ein hübscher Park im Stil Le Nôtre. Vom Park aus konnte man den reißenden Strom Agoût erblicken. Wenn Berlin auf die Spree stolz sein kann, warum sollte Castres nicht mit Bewunderung in das braune Wasser des Agoût blicken dürfen? Ich habe innerhalb von drei Monaten im Agoût, im Mittelmeer und im Atlantischen Ozean gebadet. Mittelmeer und Ozean ist kein solches Kunststück; ein Bad im Agoût aber verdient Anerkennung. Der reizvollste Fleck in Castres ist wohl das Castraiser Venedig, ein etwas kühner Ausdruck für eine andere Stadt, aber nicht für Castres. Ein paar hübsche, altmodische, buntangestrichene Häuser beugten sich über den Agoût. Hosen und Hemden flatterten lustig über Geranientöpfen an geöffneten Fenstern. Der aufregendste Tag für Castres ist zweifellos der Viehmarkt, der auf einem Platz unweit unserer Wohnung gehalten wird. Schon um drei, vier Uhr früh ist die Stadt auf den Beinen. Die Bauern kommen mit alten Wagen angerollt, die mit quieksenden Ferkeln, blökenden Kälbern und gackernden Enten und Hühnern gefüllt sind.

Wenn das Wort Viehmarkt ausgesprochen wird, muß ich immer an eine gewisse Mittagsmahlzeit denken. Zur Zeit, als wir in Frankreich waren, machte sich die Lebensmittelknappheit schon bemerkbar. Wir aßen gewöhnlich in einer kleinen Kneipe an jenem Viehmarktplatz – ich habe vergessen, wie er heißt – für 12 Francs. An dem ersten Samstag in Castres begaben wir uns wie gewöhnlich in dieses Lokal. Es war immer von Soldaten überfüllt, und diesmal hatten die Viehtreiber ihren Platz eingenommen. Mit Mühe quetschten wir uns an einen großen runden Tisch, wo schon mehrere Bauern beim Schmause saßen. Die Frauen trugen lange schwarze Kleider – es ist merkwürdig, daß man gerade im Süden so viel Schwarz trägt –, und die Männer hatten schwarze Kittel, die wie Röcke aussahen. Man brachte uns eine Schüssel. In der Schüssel befand sich eine weißliche Sauce, und auf der Sauce schwammen ein paar undefinierbare Fettstücke herum – ich glaube, es war Schweinehaut. Dazu gab es weiße Bohnen. *Fèves, fèves, fèves*... Der Bauer mir gegenüber, der auf seinen Händen seine ganze Landwirtschaft mit sich herumtrug und das Messer mit seiner ganzen Faust umklammerte, griff nach dem gemeinsamen Brot, das auf der Mitte des Tisches lag, drückte es an sein Herz oder, genauer, an seinen Kittel, und schnitt sich ein Stück ab. Dann füllte er sein Weinglas bis zum Rande, tauchte sein Messer in die unbestimmte Flüssigkeit und fischte das unbestimmte Etwas heraus und stopfte es mit dem Messer in seinen Mund. Ich kann mir nicht helfen, mit seinem Gebiß muß etwas nicht in Ordnung gewesen sein. Sein Gesicht zog sich beim Kauen zusammen wie eine Ziehharmonika. Mir war übel, als wir das heiße, rauchige, lärmende Gasthaus verließen. Vielleicht ist es ein Vorteil, als Viehtreiber zur Welt zu kommen.

Mit Unrecht macht man sich so oft über die Kleinstädter lustig. Es gibt in den großen Städten Tausende von Spießbürgern, die alle Eigenschaften haben, die man den Kleinstädtern zuschreibt. Es gibt auf dem Boulevard Montmartre genausoviele Kleinstädter wie in Castres. Kleinlichkeit und Tratschsucht sind Eigenschaften aller Menschen mit engem Horizont, wo immer sie herkommen. Wenn die Castraiser am Abend ihre Stühle vor das Haus rücken, um mit dem Nachbarn zu besprechen, was neulich der Mme. Dupont passiert ist, und wenn hundert neugierige Augenpaare dem vielleicht nicht ganz nach Castraiser Mode gekleideten Spaziergänger folgen – machen die guten Leutchen dann etwas anderes, als die parfümierten, rauchenden Damen in seidenen Kleidern, die ihre Nachmittage im Café de la Paix verbringen? An Sonntagen kamen wir öfter durch eine schmutzige, dunkle kleine Seitenstraße, die unbeachtet und einsam in der »Vorstadt« von Castres lag. In einem der niedrigen, grauen Häuser, die keine Wasserleitung haben, wohnte ein uraltes, verhutzeltes, verschrumpeltes Weiblein. An jedem Sonntag setzte die Alte einen halbzerbrochenen Stuhl auf die Straße, zog ein langes, schwarzes Kleid an und setzte einen riesigen vorsintflutlichen Hut auf ihr spärliches Haar. Dort saß sie dann, stundenlang, mit auf dem Schoß gefalteten Händen, ohne daß etwas anderes geschah, als daß eine alte Katze oder ein Hund durch die Gasse lief. Erst die Dunkelheit brachte sie dazu, sich in ihrer Pracht den Blicken der Öffentlichkeit zu entziehen. Was für ein Unterschied ist zwischen diesem Weiblein und einer Pariser Kokotte?

Wer in einer Kleinstadt lebt, muß Zeit haben, oder die Stadt verlassen. Wer zum Beispiel ein Pfund Erdäpfel haben will und sich in ein Geschäft begibt, muß einsehen, daß die Verkäuferin, die sich gerade mit Mme. Denier über die Heirat ihrer Tochter unterhält, das Gespräch nicht kurzweg abbrechen kann, um die Kartoffeln abzuwiegen. Und dann, wenn man alles eingekauft hat, muß man wissen, daß man nicht so mir nichts, dir nichts verschwinden kann. Vielleicht will die Verkäuferin wissen, wo man sein Kleid gekauft hat und wieviel es gekostet hat, oder sie muß erzählen, wie viele Mühe es sie gekostet hat, einen Sack Kartoffeln zu bekommen. Und wenn man viele Gegenstände gekauft hat, muß man sich schon glücklich schätzen, sie bekommen zu haben, und warten, bis die Verkäuferin die Zahlen eine unter die andere schreibt, die Nullen auf den richtigen Platz, und sich dann an die schwierige Aufgabe macht, die widerspenstigen Ziffern zu addieren. Unterdessen hat man Zeit gehabt, sich im Laden umzusehen, und da Castres eine außergewöhnliche Stadt ist, ist es nur natürlich, daß man außergewöhnliche Dinge erblicken wird. Wenn das Auge zum Beispiel über ein leeres Faß schweift, findet es dort die Mitteilung:

PAS D'IHUILE

Wenn man aufmerksam ist, wird man auf folgende Bitte Rücksicht nehmen:

PAR MESURE D'YGIENE, PRIERE DE NE PAS TOUCHE
AU FROMMAGE.

Da man noch zu weiteren Entdeckungen Zeit hat, wird man noch erfahren, daß der Preis der *CERICES* und der *BANNANES* gestiegen ist.

Originalität ist eine lobenswerte Eigenschaft.[37]

Mme. Lucienne Cros

Wenn Mme. Cros in ihrem Sonntagsstaat, das heißt flachen schwarzen Sandalen, grauen Florstrümpfen, einem langen schwarzen Kleid, einem ungeheuren Hut, der wohl ein altes Familienstück war, mit glattgestrichenem Schnurrbart den großen vierjährigen Gégé im Kinderwagen über den Broadway schieben würde, dürfte wohl ein Heer von Reportern und Photographen um sie herschwirren. Dem Castraiser aber fällt nicht ein, sich beim Anblick von Mme. Cros was anderes zu denken, als daß sie eine gute Castraiserin ist, in Castres geboren, in Castres aufgewachsen und bereit, in Castres zu sterben. Mme. Cros war Volksschullehrerin, und Rinner meinte, daß die Kinder sich vor ihr fürchten müssen: Sie strich ihren Bart und hub an zu sprechen...
Obwohl Mme. Cros eine für uns etwas außergewöhnliche Erscheinung war, ist sie in ihrer Hilfsbereitschaft und Güte einer der nettesten Menschen, die ich auf unserer Flucht kennengelernt habe. Wir hatten zwar für das Zimmer, das wir bei ihr bewohnten, ziemlich viel zu zahlen, aber Mme. Cros las uns jeden Wunsch von den Augen ab. Daß der Aufenthalt in Castres gewissermaßen eine Erholung war, haben wir nur Mme. Cros zu verdanken. Schon morgens um acht Uhr klopfte sie an die Tür, brachte uns Kaffee mit Milch (eine Seltenheit), Marmelade (eine Seltenheit) und ein Gebäck, das in gewissen glücklichen Zeiten »pain au lait« geheißen hatte.
Nach jenem denkwürdigen Mittagessen mit den Viehtreibern hatte meine Mutter versucht, auf einem Spirituskocher Eier zu kochen. Da bot uns Mme. Cros an, in ihrer Küche zu kochen. Die Küche war ein riesengroßer Raum, der halb unter der Erde lag, doch noch hoch genug, um ein paar Fenster mit dem Blick in den Garten zu haben. In einem Winkel stand ein großer Herd, der mit Gas gespeist war. Vor dem Herd befand sich ein schiefer Tisch, an dem die Familie ihre Mahlzeiten einnahm. An der gegenüberliegenden Wand stand ein Abwaschtisch. Die Töpfe waren, wie es in Frankreich üblich ist, an Nägeln aufgehängt. Auf der anderen Seite des Raumes hingen Besen und Bürsten, und Gégés Spielsachen lagen durcheinandergeworfen in einem Winkel. In diesem Reich schaltete und waltete Grand-père.[38]
Grand-père war trotz seiner achtzig Jahre, seinen schneeweißen Haaren und seinem zahnlosen Mund noch ungeheuer rüstig. Er brauchte mit achtzig noch keine Brille und war fest entschlossen, noch mit neunzig seine Zeitung mit freiem Auge zu lesen. Er war in Castres

geboren, und sein ganzer Stolz bestand darin, daß er die Strecke nach Marseille, zwar nur bis Nîmes, aber immerhin, als Postbote bereist hatte. Von Paris wußte er ungefähr so viel wie ich von Shantung. Er hatte in seiner Jugend eine kleine deutsche Gouvernante kennengelernt und geheiratet. Im Bücherschrank von Mme. Cros stand noch eine deutsche Bibel... Grand-père arbeitete noch wie ein Junger. Seine Hauptarbeit bestand im Geschirrwaschen. Wir wollten so gern unser Geschirr selbst waschen, aber Grand-père ließ es nicht zu. Wenn meine Mutter in die Küche kam und fragte, ob sie jenen blauen Topf nehmen könne, sagte Grand-père: »*Prenez tout ce que vous voulez! Emportez tout, si vous voulez! Tout est à votre disposition.*« Und dann holte er alle möglichen und unmöglichen Gegenstände hervor und fragte, ob wir sie nicht brauchen könnten. Die Mutter von Mme. Cros, arme Frau, ist nie nach Deutschland zurückgekehrt und liegt, auf dem evangelischen Friedhof in Castres. Sie hatte eine elsässische Freundin. Die Tochter dieser Freundin hatte einen Mittelschulprofessor namens Faguet geheiratet. An die Faguets knüpfen sich meine schönsten Erinnerungen an Castres.

Als ich eines Tages in die gute Stube von Mme. Cros kam, traf ich dort einen älteren Herrn mit lebhaften braunen Augen, einem kleinen Spitzbart, einem länglichen Kopf – der typische Franzose und der typische Professor. Mme. Cros stellte ihn mir als Prof. Faguet vor, und ich erkannte in ihm den Mann, von dem Mme. Cros mir schon erzählt hatte. Das Gespräch kam auf Bücher, und ich drückte meine Bewunderung für die wirklich hervorragende öffentliche Bibliothek von Castres aus. Ich erzählte, wie oft ich dort hinginge und wie leid es mir täte, daß die Bibliothek im Sommer geschlossen würde. Prof. Faguet verabschiedete sich mit der freundlichen Einladung, seine Bibliothek zu benutzen. Ich faßte diese Aufforderung als reine Höflichkeitsformel auf und dachte nicht weiter daran. Etwa zwei Wochen vergingen. Prof. Faguet war wieder bei Mme. Cros und ließ mich fragen, warum ich gar nicht zu ihm käme. Um nicht unhöflich zu sein, gingen wir in den folgenden Tagen bei ihm vorbei. Niemand war dort, und mein Vater warf seine Visitenkarte in den Briefkasten.

Am nächsten Tag erschien M. Faguet. Er sagte, daß es ihm entsetzlich leid täte, nicht zu Hause gewesen zu sein, und wir machten ein Rendez-vous aus. Diesmal waren nicht nur Monsieur, sondern auch Madame zu Hause. Man führte uns in das Arbeitszimmer des Professors, der alle Bücherschränke öffnete und mich bat, mir Bücher auszuwählen. Seine Bibliothek ließ mein Herz höher schlagen. Die Meisterwerke der französischen Literatur waren alle beisammen. Ich wählte eine Gedichtsammlung und ließ eine Bemerkung über mein Interesse für die Philosophie fallen. Sofort schleppte mich M. Faguet hinaus auf den Gang, wo ein paar Bücherkisten standen. Sein Sohn, der Student in Paris war, hatte sie geschickt, und Prof. Faguet hatte noch keine Zeit gehabt, sie auszupacken. Er glaubte aber, daß diese Kisten philosophische Werke enthielten, und er begann an den Brettern zu rütteln. Mir war die Sache furchtbar unangenehm, und ich bat ihn, sich nicht zu bemühen. Da ein Professor nicht der geeignete Mann ist, Kisten zu öffnen, mußte er es aufgeben. Wir hatten das Haus mit der Absicht, ein Buch auszuleihen, betreten und verließen es mit vier oder fünf. Am nächsten Tag hörte ich zu meinem Erstaunen, daß Mme. Faguet mich zu sprechen wünsche. Sie stand außer Atem in der Küche von Mme. Cros und hatte acht Bücher unter dem Arm. Der Herr Professor habe die Kiste geöffnet, nur liege er leider im Bett und könne nicht selbst kommen. Sie habe aber zu tun und müsse laufen... Schon war sie wieder draußen, und gerührt war ich allein, mit meinen acht Büchern unterm Arm. Nie werde ich vergessen, wie die Faguets sich die Beine ausgerissen haben, um mir Bücher zu leihen. Nie werde ich vergessen, wie Mme. Cros von den wenigen Nahrungsmitteln, die sie hatte, uns etwas gab. Nie werde ich diese Menschen vergessen, die dazu beigetragen haben, das kleine, mühsam in mir flackernde Flämmchen des Glaubens an die Menschheit zu erhalten. Möge der Tag kommen, an dem ich meine Schulden zahlen kann!

Nous vaincrons parce que nous sommes les plus forts

Armes, trauriges, geschlagenes Frankreich! Armes, blutendes, doppelt der Vernichtung preisgegebenes Land! Der eiserne Griff des Siegers umklammerte Frankreich und drohte es zu erwürgen. Die *»ligne de démarcation«*, die Grenze der »deux Frances«, wurde gesperrt und der Postverkehr völlig eingestellt. Die Flüchtlinge in der »freien Zone« hatten keine Möglichkeit, mit ihren Verwandten im besetzten Gebiet in Kontakt zu treten. Hitler will Frankreich vernichten: Er schafft zwei Frankreiche. Die lange, mühselige Aufgabe, die zehn Millionen Flüchtlinge nach Hause zu schaffen, wurde durch die Deut-

schen erschwert. Oft kam es vor, daß Flüchtlinge, die endlich die lang
ersehnte Erlaubnis, abfahren zu können, erhalten hatten, die Nachricht bekamen, daß die »ligne de démarcation« erneut gesperrt sei.
Und die grauen Massen der Flüchtlinge wurden hin und her getrie-
ben, wie trockene Blätter, vom Wind herumgewirbelt.

Die Zeitungen des unbesetzten Gebietes, besonders die ›Dépêche de
Toulouse‹, wurden zu den tragischen Dokumenten dieser tragischen
Zeit. An bestimmten Wochentagen bestand die Zeitung überhaupt
nur aus einem einzigen Blatt, das heißt, zwei Druckseiten. An manchen Sonntagen sah man mit Stolz eine aus drei Blättern bestehende
Zeitung, und diese Sonntagsblätter waren die große Chance der
grauen Massen, denn an diesen Tagen gehörten vier Seiten ihnen,
viermal soviel wie an Wochentagen, viermal so viel Hoffnung. Noch
nie hatten so viele Menschenschicksale von Druckerschwärze abge-
hangen, noch nie war eine Zeitung so schicksalsschwer gewesen. Auf
die Rubrik Annoncen setzten täglich, wöchentlich Hunderte und
Tausende von Menschen ihre Hoffnung:

Suche meinen Mann, verloren am 15. Juni in Tours. Colette Favrier,
33 rue de Chênes, Toulouse.

Suche meine Kinder, Jean, 6 Jahre, Mariette, 8 Jahre, verloren am
17. Juni in Clermont-Ferrand. Lucienne Marnier, 10 rue de Paris,
Marseille.

Suche meine Frau, Nicole Dubois, verloren am 10. Juni in Paris mit
unserem Kind Charles, 2 Jahre. Marcel Dubois, 15 rue de quatorze
Juillet, Albi.

An Pierre Naurat: Meine Adresse ist: 102 rue des Peupliers, Agen.
Monique Muller.

Suche Nicole, vermißt seit dem 14. Juni. Yvonne Pumat, 14 Avenue
du Collège, Narbonne.

Suche meinen Vater, André Révière, 34 rue de la Préfecture, Marseille.

Millionen müder Hände greifen nach den Zeitungen. Millionen aus-
geweinter Augenpaare suchen mühsam nach dem geliebten Namen.
Millionen schmerzender Herzen pochen in ewig erneuter, ewig ent-
täuschter Erwartung. Die Namen der Unglücklichen zogen ständig
an uns vorbei, ein Heer von Namen, Bitten, Angstschreien rollten
langsam über das Papier. Die Zeitungen verkündeten, daß sie keinen Raum mehr hätten für die ständig wachsende Zahl der Annoncen.

Ein Zehntel der männlichen, waffenfähigen Bevölkerung in Kriegsgefangenschaft, zehn Millionen Flüchtlinge, auseinandergerissene Familien... Armes, armes geschlagenes Frankreich!

Castres war, wie alle Orte im unbesetzten Gebiet, von Soldaten überfüllt. In den Schulen wurde Heu aufgeschichtet und die Klassenzimmer wurden zu Kasernen umgewandelt. Die Soldaten warteten auf ihre Demobilisation, die nicht für bald in Aussicht stand. Sie warteten und warteten und hatten nichts, absolut nichts, zu tun. Sie lungerten auf den Straßen herum, saßen auf den Rinnsteinen, wälzten sich herum und gingen trinken, trinken. Mir war es ein Rätsel, wieso die militärischen Behörden nicht begriffen, wie groß die Gefahr war, Tausende von Soldaten unbeschäftigt und müßig zu lassen. Es gab überhaupt keine Disziplin mehr. Um 12 Uhr nachts konnte man die Soldaten noch im Freien treffen. Zerlumpt und verschmutzt liefen sie herum, und eine Frau konnte keinen Schritt machen, ohne irgendwie belästigt zu werden.

> *O nos pauvres enfants, soldats de notre France!*
> *O triste armée, à l'oeil terni!*
> *Adieu la tente! Adieu les camps! Plus d'espérance!*
> *Soldats! soldats! tout est fini!*
>
> *Victor Hugo*

Vor langer, unendlich langer Zeit, als es noch keine Niederlage gab, als man noch fest an den Sieg glaubte, in jener Zeit, wo man noch Reklame für die *»bons d'armements«* machte, wurden in jeder Stadt, jedem Städtchen, jedem Dorf in Frankreich Plakate angeschlagen, die zu den eindrucksvollsten gehören, die ich je gesehen habe. Man sah eine Karte der Welt. Das französische Weltreich war in Blau eingezeichnet, das englische in Rot, und in dem winzigen Europa war ein noch winziger, kleiner schwarzer Fleck: Deutschland. Dieses kleine, schwarze, von Rot-Blau umzingelte Fleckerl verschwand in dem Meer der feindlichen Farben. Die ganze Welt war rot und blau und nur ein so lächerlich kleines Gebiet schwarz. Darüber stand: *»Nous vaincrons parce que nous sommes les plus forts.«* Und darunter: *»Souscrivez!«*

Das kleine, schwarze, schwache, lächerliche Fleckchen war stärker als das Weltreich in Blau. Das blaue Reich brach zusammen, und das winzige schwarze Land wurde erschreckend groß. Das blaue Reich lag gedemütigt und zertrampelt am Boden, und noch immer hingen die Plakate in den Postbüros, in den öffentlichen Lokalen, an Mauern und Wänden. *Nous vaincrons parce que nous sommes les plus forts – nous vaincrons parce que nous sommes les plus forts.* Eine ständige Anklage, ein ewiger Vorwurf. Niemand dachte daran, die Plakate herunterzureißen, und doch mußte jedem, der daran vorbeiging, das Blut zu Kopfe steigen. Diese Scham, diese Schande! Seht ihr nicht das kleine, schwarze Pünktchen und das große, blaue Reich? Begreift ihr noch immer nicht, was geschehen ist? Soll die Schande dort hängenbleiben, bis Wind und Regen sie abgewaschen haben? Könnt ihr es ertragen, täglich und stündlich diese Anklage, diese schreiende Anklage vor Augen zu haben? *Nous vaincrons parce que nous sommes les plus forts* – armes, trauriges geschlagenes Frankreich! Armes, zu Boden gedrücktes Volk! Armes, blutendes, doppelt der Vernichtung preisgegebenes Land!

Monsieur Jasmin-Terminus

Die Wochen vergingen in stummer Erwartung des Schicksals, das uns zu erreichen drohte. Die Gefängnismauern waren fester und undurchdringlicher als je. Wir rechneten aus, daß wir noch zwei Monate lang zu leben haben würden. Die Wahrscheinlichkeit einer Rettung wurde immer geringer. Uns wurde klar, daß der Aufenthalt in Castres nur eine Henkersmahlzeit war. Die Unruhe schlich von neuem in unser Herz. Wir scheinen zu Tode Verurteilte, die auf den Henker warteten. Manchmal brauste mein Herz auf, in Auflehnung gegen das Schicksal. Ich konnte und wollte es nicht einfach hinnehmen. Mein ganzes Ich empörte sich dagegen. Ich hatte genug, genug. Ich wollte wieder ein ruhiges, gefahrloses, normales Leben leben. Ich wollte befreit sein von der ewigen Furcht. Ich wollte nicht mehr die lähmende Angst empfinden, ich wollte den Todesgedanken entrinnen. Ich sehnte mich nach einem bißchen Lebensfreude, nach einem geregelten Arbeitsfeld. Ich wollte in der Frühe aufwachen können, ohne daran denken zu müssen, daß vielleicht heute die Katastrophe eintreten würde. Ich wollte die Tür öffnen können, ohne daß mein Herz vor Furcht stehenblieb. Ich wollte von einem Spaziergang nach Hause gehen können, ohne mit Grauen die Wohnung betreten zu müssen. Man ist doch nur einmal, einmal sechzehn Jahre alt!
Eines Morgens öffnete ich den Briefkasten und fand einen Brief läng-

lichen Formats, der erst noch nach Agen gegangen war. Links oben las ich folgende Worte:

CONSULAT DES ETATS-UNIS, MARSEILLE.

Ich weiß nicht, wie ich die drei Schritte vom Briefkasten ins Zimmer machte. Ich weiß nicht, wie ich die Minute verbrachte, in der mein Vater, ruhig und langsam, den Brief aufmachte.

Monsieur,
J'ai reçu l'information que la possibilité d'une délivrance de visas pour les personnes énumerées ci-dessous est envisagée. Je vous serais reconnaissant si vous pouviez me donner des informations sur l'adresse actuelle des personnes en question.

Darauf folgte eine Liste von etwa zwanzig bis dreißig Namen, als erster

Jasmin Terminus

Dann folgten:

Breitscheid
Hilferding
Stampfer
Rinner
Geyer
Vogel
Ollenhauer
u. a.

Mein Herz pochte zum Zerspringen. Dies bedeutete noch nicht, daß wir Visen bekommen würden, aber es war ein Hoffnungsstrahl, ein Hoffnungsstrahl, an den wir uns klammerten wie Ertrinkende an einen Strohhalm. Ich spürte, daß eine ungeheure Last von meinem Herzen fiel. Ich befand mich in einer stockschwarzen, kalten, feuchten Höhle, in einem Labyrinth, in dem ich vergeblich umherirrte, von Mauern, an denen ich meinen Kopf blutig stieß, und plötzlich, in der Ferne, weit, unendlich weit, war etwas wie ein kleiner Lichtstrahl, ein winziges helles Pünktchen. Mit diesem Lichtschein begann mein Herz wieder zu schlagen, ich fühlte, daß ich wieder Leben in meiner Brust trug, an Stelle der eisigen Kälte. Und doch – die wachsende Hoffnung erhöhte die Qual... Die Möglichkeit einer Rettung zeigte mir die Verzweiflung unserer Lage noch mehr...

Keine Situation, so tragisch sie auch sein mag, entbehrt eines gewissen Humors. An der Spitze der in Amerika aufgestellten Liste der Gefährdeten stand der Name Jasmin Terminus. Herr Jacques Boé Jasmin, geboren im Jahre 1798 nach Christi Geburt in der Stadt Agen, gestorben im Jahre 1864, war ein Dichter, der seine Werke in *»Patois«* geschrieben hat. Terminus heißt Endstation, und Jasmin Terminus war der Name des Hotels, in dem wir in Agen so angenehme Wochen verbracht hatten. Ich bin überzeugt, daß M. Jasmin sich im Grabe umdrehen würde, wenn er hören würde, daß man sein Leben in Frankreich als gefährdet bezeichnet hat und die Möglichkeit erwog, ihn nach den Vereinigten Staaten von Nordamerika zu transportieren. Was Terminus dazu sagen würde, kann ich mir nicht vorstellen. Meine Phantasie reicht dazu nicht aus.

Der Brief hatte in »unseren Kreisen« große Aufregung hervorgerufen, um so mehr, da nur wenige auf der Liste standen, und Fuchs, Grötzsch, Frau Wels und andere sich begreiflicherweise zurückgesetzt fühlten. Ich will nicht in Details gehen, allen Streit und Zank und Krach zu berichten. Emigranten sind ein zu unangenehmes Kapitel... Etwa eine Woche lang hörten wir nichts vom Konsulat. Fünf Minuten können als Ewigkeit erscheinen. Von dieser Wartezeit glaubten wir, daß sie nie vorübergehen würde. Natürlich waren das alles nur Luftschlösser. Natürlich würden alle goldenen Pläne wie Seifenblasen zerplatzen. Sicher würde die Rettung nicht kommen. Die eine Stunde glückseliger Hoffnung wurde schwer, schwer bezahlt. Und dann kam das Telegramm: *VISA ACCORDES.*

Was heißt »visas accordés«? Sind diese Visen für die Männer oder auch für Familienangehörige? Wie bekommt man ein sauf-conduit nach Marseille? Wie bekommt man ein portugiesisches Visum? Wie fährt man durch Spanien? Wie bekommt man von der französischen Regierung die Ausreiseerlaubnis? Wie erhält man da Geld für die Reise? Ist die französische Grenze schon von der Gestapo kontrolliert? Ist es gefährlich, durch Spanien zu fahren? Kann man riskieren, ohne sauf-conduit nach Marseille zu fahren? Kehrt man noch einmal nach Castres zurück? Wird der Plan gelingen? Wird man noch vorher verhaftet? Warum? Wann? Wie? Wieso? Das Leben wurde noch mehr zur Hölle. Gelingt es? Gelingt es nicht? Es schien unmöglich, von Castres nach Marseille zu fahren. Wie sollte man unter diesen Umständen nach Lissabon gelangen?

Das Leben nahm sozusagen wieder seinen gewohnten Gang. Ich verbrachte die Tage träumend im Garten, meine Mutter kochte und wirtschaftete, mein Vater lief von der Gendarmerie zur Polizei und von der Polizei zur Sous-Préfecture und von der Sous-Préfecture zur Gendarmerie und von der Gendarmerie zur Polizei. Es rührte sich nichts. Am Abend machten wir, manchmal allein, manchmal mit Rinners, Spaziergänge und sprachen unaufhörlich von Amerika. Wird es, wird es nicht; gelingt es, gelingt es nicht; geht es, geht es nicht... Unsere Nerven waren in einem Zustand höchster Überspannung, und ich fragte mich, wie lange es noch dauern könnte, bis jemand zusammenbrechen würde. Am Ende von drei Wochen war Amerika nur noch ein phantastisches Traumland und die Reise nur noch ein Märchen aus Tausendundeiner Nacht. Es gab Stunden, in denen mir alles, aber auch alles, egal war; es gab Stunden der Auflehnung, des Zornes und der Verzweiflung. Der Herbst nahte, und wir versuchten, uns mit dem Gedanken an einen Winter in Castres vertraut zu machen. Wovon wir in diesem Winter leben würden, wußten wir nicht.

Ein Telephongespräch

An der Tür des Hauses 8 Avenue d'Albi waren zwei Glocken angebracht. Die eine war für die Hausbesitzer, die im ersten Stock wohnten, und die andere für Mme. Cros. Diese Glocke war für mich eine Quelle der Panik, des Schreckens und der Erwartung. Wenn es bei Mme. Cros läutete, konnte es entweder für sie oder für uns sein. Wenn es für uns war, konnte es entweder die Polizei oder ein Bekannter oder der Telegraphenbote sein. War es die Polizei, könnte das Kontrolle oder Verhaftung bedeuten. War es ein Bekannter, konnte es ein belangloser Besuch oder eine Schreckensbotschaft sein. War es ein Telegraphenbote, hatte es sicher etwas mit Amerika zu tun. Es konnte eine Bitte oder Hilfe selbst sein. Eines Nachmittags ließ wieder einmal der schrille Ton der Glocke mein Herz höher schlagen. Der Telegraphenbote verlangte M. Stampfer und gab nicht ein Telegramm, sondern eine Aufforderung, das amerikanische Konsulat in Marseille anzurufen, ab.
Ein Telephonanruf! Das war etwas Neues, Unvorhergesehenes, das neue Vermutungen und Möglichkeiten mit sich brachte. Nachdem mein Vater, von Rinner begleitet, zwei Tage auf der Post verbracht hatte, ohne mit Marseille in Verbindung treten zu können, und miß-

mutig einen dritten Tag antrat, rief ein Postbeamter die Verbindung mit Marseille aus. Nervös und ängstlich, daß er nichts verstehen würde, stolperte mein Vater in die Telephonzelle.

»Hallo Stampfer. Hallo – do you know my voice?«

»Votre voix – Ihre Stimme – *mais oui* – nein, ich weiß nicht.«

»Frank Bohn is speaking.«[39]

»Who?«

»Frank Bohn from Washington.«

»Bohn«, stotterte mein Vater, »Bohn? Nein, das ist nicht möglich. Bohn, was um Himmels willen machen Sie hier?«

»Ich will – I want to take you to America. All of you. As many as possible.«

Verwirrt verließ mein Vater die Post. Sein Freund Bohn aus Washington. Die rettende Hand aus Amerika! Wieder gab es Hoffnung!

Ein paar Tage darauf erhielten mein Vater und Rinner die Erlaubnis, für eine Woche nach Marseille zu fahren. In einem von Thorel gemieteten Wagen fuhren sie, von tausend Wünschen begleitet...

Le petit train

Schnaubend und pustend und stinkend und rauchend fuhr der Zug durch die Straßen von Castres und hielt in der Avenue d'Albi. Bäuerinnen in langen schwarzen Röcken und Strohhüten und Bauern in schwarzen Kitteln, beladen mit Körben und Kisten und Kasten, stürzten unter dem Dach des Bahnhofes hervor und nahmen die Stufen zum Zuge im Sturm.

»C'est à Lacaune qu'il faudra descendre! Vous y serez en trois heures. Vous verrez comme c'est joli, notre département! N'oubliez pas de revenir!«

Außer Atem schiebt Mme. Cros Mariechen Rinner und uns[40] in den Zug.

»A tout à l'heure!«

Ein Ruck und ein Krach – der Rauch steigt in die Luft – es rüttelt – schafft er es? Ruck – wir fahren. Die Eisenbahn ist doch eine wunderbare Erfindung!

Der kleine Zug durchquert nur etwa eine Hälfte von Tarn. *C'est un chemin de fer départemental!* Auf unbequemen Holzsitzen in einem altmodischen Waggon, gezogen von einer pustenden, stinkenden Lokomotive, in jedem winzigen Dörflein haltend, ist es eine wundervolle Fahrt ins alte Jahrhundert, eine Flucht vor Sorgen, Angst und Furcht. Östlich von Castres liegen die Ausläufer der *Montagne Noire*, und dorthin brachte die kleine, schwarze Teufelsmaschine ihre, in ihrem Bauch verschluckten, zerrütteltten Fahrgäste. Bald waren die Täler so eng, daß sich nur ein Zug durchzwängen konnte, bald öffnete sich ein weiter Blick ins Land. Überall, wo wir hielten, wurden Waren abgeladen – O die Glücklichen, die erst zu Mittag die Morgenzeitung lesen können!

Kleine Dörfer, an die Abhänge der Hügel gelehnt, blickten mit verschlafenen Augen auf uns herunter. Weinfelder krochen die Berge hinauf. In Frankreich gedeiht überall Wein. Die Sonne stieg höher und höher dem Mittagspunkte zu, der kleine Zug schraubte sich höher und höher ins Gebirge hinauf.

»Lacaune! Terminus!«

Ein sauberes, hübsches Dorf mit weißgrauen, schiefergedeckten Häusern hob sich in malerischen Farben vom Dunkel des tiefgrünen Waldes und der Helligkeit des zartblauen Himmels ab. Elegant gekleidete Städter gingen durch die Gassen – hier gab es noch einen Schatten von Ruhe und Frieden. Die frische, dünne Gebirgsluft und der Duft des Waldes waren köstlich einzuatmen. Plötzlich kam mir zum Bewußtsein, wie lange ich nicht mehr den Sommer im Gebirge verbracht hatte, und eine überwältigende Sehnsucht nach stillen friedlichen Wäldern, nach Einsamkeit und Ruhe erfüllte mich. Meine Liebe für die Natur, in der man soviel Glück und Zufriedenheit finden kann, trieb mir die Tränen in die Augen.

Um vier Uhr hatten wir wieder am Bahnhof zu sein, und zurück brachte uns der kleine Zug, zurück ins Elend, in die Gefahr, in die Verzweiflung.

Sauf-conduits

Ein Telegramm kam aus Marseille. »*Venez tous.*« Mit »allen« waren die gemeint, die auf der Liste standen, das sind Vogels, Ollenhauers und was von den Familien Stampfer und Rinner übrigblieb. Ein solches Telegramm kann als Witz aufgefaßt werden; nun, da lacht man. Es kann aber auch ernst genommen werden. In diesem Fall geht man zur Polizei. Da von dem ganzen Zirkus nur Mariechen etwas Französisch kann, wurde mir feierlich das Amt des Direktors übertragen.

Am darauffolgenden Tag begab sich eine Prozession, an deren Spitze ich einherschritt, feierlich in Reih und Glied, zu dem Gebäude, das sowohl die *Mairie*, wie auch die Bibliothek, wie auch die Polizei beherbergte. Wir durchquerten einen Saal, quetschten uns an Tischen vorbei, an denen Beamte neugierig ihre Nasen hinter Stößen von rosa, grünen und gelben Papieren hervorhoben, gingen links eine enge Treppe hinauf, traten rechts in ein Zimmer ein, durchschritten dieses Zimmer, gingen in ein zweites bis an einen Tisch, an dem eine rothaarige Dame saß, räusperten uns und warteten respektvoll.

Als nach einiger Zeit mich ein strafender Blick aus braunen Augen traf, ergriff ich das Wort.

»Madame, nous avons l'intention de nous rendre aux Etats-Unis d'Amérique. En ce but, nous avons reçu une convocation du Consul des Etats Unis à Marseille d'aller à la ville nommée pour y chercher nos visas. Nous vous prions de nous indiquer quel chemin il faut prendre pour arriver au but desiré: à la délivrance de sauf-conduits.«

Als ich geendigt hatte, räusperte ich mich abermals, um mich auf die Antwort der Dame mit den roten Haaren genügend vorzubereiten, die ihre Brauen zusammenzog und sagte:

»Mademoiselle, nous ne pouvons rien faire, avant que vous ayez fait une demande de sauf-conduits.«

»Je croyais que je pouvais le faire ici.«

»Non«, sagte sie mit strenger Miene. *»Il faut que vous alliez d'abord à la gendarmerie pour obtenir la permission de faire une demande. Ensuite venez ici!«*

Ich dankte, und wir drehten uns um. Diesmal ging ich am Ende des Schwanzes durch das anliegende Zimmer, die Treppe hinunter, an den in Papier vergrabenen Beamten vorbei und auf die Straße.

Die Gendarmerie unterscheidet sich von der Polizei darin, daß sie gelb-braun ist, während die Polizei dunkelblau ist. Die Karawane bewegte sich also von einem Ende der Stadt zum anderen, von den Blauen zu den Gelben, schritt durch den Torweg des Gebäudes bis zu einem Schalter, an dem eine gelbe Mütze sichtbar war.

»Monsieur, nous avons l'intention de nous rendre aux Etats-Unis d'Amérique. En ce but, nous avons reçu une convocation du Consul des Etats-Unis à Marseille, d'aller à la ville nommée, pour y chercher nos visas. A la police, on nous a dit qu'il fallait venir ici pour obtenir la permission de faire des demandes de sauf-conduits.«

Mit der gelben Mütze tauchte nun auch ein Gesicht auf.

»Mademoiselle, nous n'avons rien à faire avec cela. C'est à la police qu'il faut faire la demande. Nous ne pouvons rien faire.«

Die Schlange drehte sich um und kroch von der Gendarmerie bis zu einem Café, wo Vogel und Ollenhauer in einem Bier Erfrischung suchen mußten. Zum zweiten Mal am selben Vormittag sah die Dame mit den roten Haaren zu ihrer höchsten Entrüstung dieselbe Gruppe wiederkommen.

»Pas de formulaires? Non, ce n'est pas ici qu'il faut le faire. Allez à la sous-préfecture!«

Die Polizei ist blau, die Gendarmerie gelb, die Sous-préfecture aber grau oder braun oder gestreift oder kariert. Ein Beamter in Grau empfing uns und, völlig seiner Würde bewußt, musterte uns mit kaltem Blick.

»Monsieur, nous avons l'intention de nous rendre aux Etats-Unis d'Amérique. En ce but, nous avons reçu une convocation du Consul des Etats-Unis à Marseille, d'aller à la ville nommée pour y chercher nos visas. Pouvez-vous donner des instructions à la police afin que nous puissions faire des demandes de sauf-conduits?«

Der Beamte in Grau ging ins Nebenzimmer zu einem Mann in Braun. Der Braune warf uns einen verächtlichen Blick zu und schüttelte den Kopf. Ebenfalls den Kopf schüttelnd, kam der Graue zurück. *»Nous ne pouvons rien faire. Adressez-vous à la préfecture d'Albi.«*

In Schweiß gebadet, begab sich die Kolonne zurück ins Café, wo Vogel und Ollenhauer abermals in einer gelben Flüssigkeit mit weißem Schaum Trost suchten.

Nachdem sie ihre Lebensgeister wieder beisammen hatten, setzte man zwei Telegramme auf:

> *Monsieur le Préfet, Albi. Reçu convocation du Consul des Etats-Unis, Marseille. Prière d'intervenir pour sauf-conduits. Vogel, Ollenhauer, Stampfer, Rinner.*

Das zweite war an meinen Vater:

> *Consul intervenir à Albi.*

Diese Texte wurden in schönen Druckbuchstaben abgemalt, abermals auf die Polizei zum Stempeln gebracht und auf der Post ihrem Schicksal überlassen.

Das letzte Mal roter Autobus

Zwei Tage später brachte Mme. Cros ein Telegramm:
Sauf-conduits accordés. Police instruite. Préfet du Tarn.
Wieder nahm die achtköpfige Schlange den Weg hinauf zum Zimmer
der rothaarigen Dame, die, nachdem sie das Telegramm gelesen
hatte, vor Freundlichkeit strahlte. Mit einem kleinen Seufzer nahm
sie acht rosarote Bogen vom Tisch und begann, sie auszufüllen.
Frankreich ist das Land ohne Schreibmaschinen, und es war eine lang-
wierige Arbeit, acht rosarote Bogen mit Nummern und Daten und
Namen auszufüllen. Am Ende einer gewissen Zeit stiegen wir mit
unendlicher Würde, stolz wie die Kaiser, die Treppe herunter, wür-
digten die blauen Männer keines Blickes, nahmen mit erhobenen
Köpfen den Weg zur Gendarmerie und überreichten der gelben
Mütze acht wunderschöne, sauber ausgefüllte rosa Bogen. Der gelbe
Mann nahm sie mit breitem Lächeln entgegen und sagte uns, daß wir
am Abend wiederkommen sollten.
Am Abend erschien ich allein, und mir war bedeutend wohler. Der
Gelbe zeigte mir, daß die rosa Bogen in weiße umgewandelt waren,
und daß nur noch die Unterschrift des Kapitäns fehlte. Die Stimmung, in der ich die Gendarmerie verließ, war anders als die, in der
ich gekommen war... Am nächsten Morgen erhielt ich, o Triumph,
acht sauf-conduits und ein Lächeln des Gelben dazu.
Was will man mehr?
Unterdessen verhandelte Mariechen mit Thorel, um einen Wagen zu
bekommen, der uns nach Béziers bringen würde, von wo aus wir nach
Marseille weiterfahren könnten. Es wurde beschlossen, daß Montag
früh, den [?] August, ein roter Autobus erst vor 8 Avenue d'Albi und
dann vor Hotel Combes halten sollte, um dann den Weg nach Béziers
anzutreten.
Der Sonntag wurde mit Packen ausgefüllt. Wir ließen Mme. Cros unsere sämtlichen Vorräte von Zucker, Nudeln, Makkaroni, Reis, Ka-
kao, Marmelade usw. Wir wußten noch nicht, ob wir zurückkommen
würden. Sonntag abend setzte ich mich zum letzten Mal in den Garten, unter den großen Kastanienbaum, der mir so lieb geworden war.
Ich wußte nun, daß das Ende, wenn es vielleicht auch später kommen
sollte, nicht in Castres gekommen war, und war dankbar dafür. Unge-
wiß war die Zukunft, und obwohl ich ungern schied und doch die
Abfahrt wünschte, wollte ich nicht zurückkommen. Trotz allen düste-

ren Stunden, die damals noch drückend auf mir lagen, hatte ich ein Gefühl warmer Dankbarkeit für Castres und die Menschen, die ich dort kennengelernt hatte.

Heute sind alle schwarzen Augenblicke verblaßt, wie Flecke von einem weißen Tuch, das blütenweiß aus der Wäsche der Zeit kommt, und Castres ist nur noch eine schöne Seite in dem Bilderbuch der Vergangenheit.

Als wir am nächsten Morgen auf der Straße standen und darauf warteten, den roten Autobus die Avenue d'Albi herunterfahren zu sehen, kam ein blinder Mann, geführt von einer Frau, um die Ecke. »Die Friseuse aus der Butte«, rief meine Mutter, und wir liefen auf sie zu.[41]

»Mme. Stampfer! Je suis contente de vous voir! Nous avons été à Bordeaux et nous allons rentrer bientôt.« Und unsere Koffer sehend: »Vous partez?«

»Oui, à Marseille.«

»Et vous rentrerez bientôt à la Butte?«

»Oui«, sagte ich, vielleicht aus Verlegenheit, vielleicht aber auch mit Absicht. Wir bestellten Grüße für alle Bekannten und schieden.

Der Autobus wurde sichtbar. Mme. Cros, Gégé und Grand-père standen in der Tür. »Que Dieu vous bénisse, mademoiselle Marianne! Vous méritez d'être heureuse. Et n'est-ce pas, vous nous écrirez?« Es war nicht nur ein französischer Kuß, den wir beide, meine Mutter und ich, bekamen. Mme. Cros hatte Tränen in den Augen, und Tränen sind mehr als ein Kuß...

»Des Tchécoslovaques«

Wir hatten das Glück, zwei Plätze gefunden zu haben, im Schnellzug nach Marseille. In unserem Coupé saßen zwei Soldaten und ein Ehepaar. Wir saßen eingequetscht zwischen ihnen und schenkten unsere Aufmerksamkeit der Landschaft, die draußen an uns vorbeizog. Je mehr wir uns dem Meer näherten, machten die Weinfelder den mit Gestrüpp bewachsenen Salzwüsten Platz. Bald sah man das Meer, nach dem ich mich so gesehnt hatte und das ich auf unserer tragischen Fahrt nach Sète nur ein paar Minuten erblicken konnte. Die Dame neben meiner Mutter, die mit ihrem schläfrigen, fetten Gemahl nichts anfangen konnte, rutschte wie ein Quecksilber auf ihrem Platz hin und her. Ich starrte unentwegt und krampfhaft zum Fenster hinaus. In Sète standen Geyers am Bahnhof.

»Fahrt ihr schon nach Amerika?«

»Nach Amerika?« Wir lachten. »Amerika ist noch weit von Marseille.« Lily stand hochaufgeschossen, dünn und sonnenverbrannt neben ihrer Mutter. An *Charlotte Löwenskjöld* [42] denkend, die ich mir von Anna Geyer ausgeborgt hatte, nach Agen mitgenommen hatte und es dadurch als einziges Buch von Geyers Bibliothek »gerettet« hatte (wir waren selbst noch nicht gerettet), rief ich scherzend: »Ich gebe es Ihnen nur in New York zurück.«

Der Zug ruckte und fuhr weiter. Als ich auf meinen Platz zurückging, wagte die Dame nebenan ein schüchternes Lächeln. In Montpellier machte sie eine Bemerkung, die sowohl ihren Mann als auch alle Mitreisenden betraf. Schließlich in Nîmes hielt sie es nicht mehr aus. Mit einem süßen Lächeln, das über ihr ganzes Gesicht lief, wandte sie sich, auf mich blickend, an meine Mutter.

»*Est-ce votre fille?*«

»Oui.«

»*Elle aime beaucoup sa maman, n'est-ce pas?*«

»Oui.«

»*Elle est jolie.*«

»Hm.«

»*C'est si beau d'avoir des enfants.*«

»Oui.«

Eine Weile war es still, und dann fuhr sie mit ihrer Stimme, die klang, als ob sie frisch geölt worden wäre, fort:

»*C'est joli par ici, n'est-ce pas?*«

Diesmal mußte ich eingreifen, weil das Französisch meiner Mutter nicht ausreichte. »*C'est un beau pays, je l'aime beaucoup.*«

»*Et nous étions heureux, par ici! Oh, cette affreuse guerre! Nous n'aurions pas dû nous battre. Tout cela n'aurait pas dû arriver.*« Sie schüttelte die verwelkten Locken. »*François! Donne-moi le panier. C'est l'heure du dîner.*« Gehorsam holte ihre Ehehälfte einen Korb hervor und packte Weinflaschen, Gläser, Sardinenbüchsen, hartgekochte Eier, Käse und Brot aus. Das Ganze wurde umständlich aufgebaut, und nichts konnte den Frieden dieser heiligen Stunde mehr stören.

»*Votre papa n'est pas avec vous?*«

»*Non, il est à Marseille.*«

»Oh, c'est à Marseille que vous allez? Nous y allons aussi. C'est une belle ville. Vous la connaissez?«
»Non. Je suis curieuse de la voir.«
Schon lange hatte sie etwas auf dem Herzen gehabt. *»Votre maman ne parle pas le français?«*
»Non. Pas bien.«
»Oh – vous n'êtes pas Belges?«
»Non. Nous sommes Tchécoslovaques.«
»Tschécoslovaques? Et vous avez dû quitter votre pays?«
»Oui, à cause d'Hitler.«
»Et vous avez tout laissé?«
»Tout.«
»Que c'est triste! C'est un beau pays, la Tchécoslovaquie?«
»Merveilleux!«
»Vous avez encore des parents là-bas?«
»Oui. Tous nos amis et parents.«
»Mon Dieu!«
»Vous pensez que vous allez retourner là-bas?«
»Peut-être.«
»Eh bien, je suis bien contente de vous avoir recontré! Je n'en ai jamais vu, des Tchécoslovaques, moi. Je ne savais pas qu'ils étaient si gentils.«

Marseille

O du schönes Marseille, du lachende Stadt! Warum habe ich dich nicht im Sonnenschein kennengelernt? Tief hingen die schwarzen Wolken über dir, o lebensfrohe Stadt, Heimat der Fröhlichkeit, des Lachens, der Lebenslust.

Wir waren auf dem Weg von unserem Hotel, Place des Marseillaises, zum amerikanischen Generalkonsulat. Es war der Tag nach unserer Ankunft, und als wir mit der Straßenbahn durch die Straßen fuhren, kam es mir vor, als ob ich jahrelang nicht mehr in einer Großstadt gewesen wäre. Alles schien mir Großstadtkind fremd, die städtisch gekleideten Menschen, das Leben und Treiben, die großen Geschäfte und Warenhäuser, das bunte Gewimmel von Menschen, Autobussen, Elektrischen und Autos.

Aus der Stadt herausgekommen, fuhr die Bahn eine Villenstraße hinunter, und hinten, weit hinten, durch die grünen Blätter hindurch lag etwas Blaues – das Meer, das Meer! Endlich war es mir vergönnt, in die blauen Wogen zu schauen, im gelben, weichen Sand zu liegen, neben der schimmernden, bebenden, lebenden Fläche. In Marseille gibt die Berglandschaft dem Meer einen besonderen Charme. Die Silhouette der weißen, spärlich mit Pinien und Zypressen bewachsenen Berge verschwimmt im Himmel, dessen Blau sich im Meer widerspiegelt. Ist der Himmel regenschwer und grau, so ist das Meer grüngrau, und die Berge versinken in Grau. Ist der Himmel blau, so ist das Meer stahlblau, und die von der Sonne beschienenen Berge heben sich im strahlenden Weiß vom Himmel ab. Ging die Sonne unter, so tauchten die rot umrahmten Berge ihr Spiegelbild in das glühende Wasser, und die Schleier des Abendnebels senkten sich auf die Zypressen.

Schön war der Blick von dem Hügel, auf dem Notre Dame steht, über die rot-blau-schwarzbraunen Häuserdächer hinüber zum Château d'If, dem Gefängnis des Grafen von Monte Cristo. Herrlich waren die Spaziergänge durch die engen Straßen zu den zypressenbedeckten Hügeln und die Badeausflüge an den Strand. Wundervoll war diese erste Fahrt zum amerikanischen Konsulat. Wie ein Märchenschloß liegt es inmitten eines herrlichen Parks, zu Füßen der Berge und am Ufer des Meeres. Wie ein Omen einer besseren Zukunft war der Weg durch den Park zum Konsulat, über das weiche Gras im Schatten der Zypressen, vorbei an blühenden Rosenbüschen, bei dem eigenartigen, geheimnisvollen Zirpen der unsichtbaren Grillen.

Im Konsulat angekommen, genügte die Visitenkarte meines Vaters, uns durch den überfüllten Wartesaal zu bringen, in den Raum, wo Angaben für den Erhalt einer »Application« gemacht werden.

Schön war Marseille, trotz der Niederlage und der drohenden Not. Schön war der erste dort verbrachte Tag, so schön, wie die folgenden Wochen schwer und düster waren.

»Bobards«[43]

»M. Steiner?« Ein kleiner, jüdisch aussehender Mann, Salomon, mit scharfen, braunen Augen und großer Hakennase, war zur Tür des kleinen, versteckten Hotels hineingekommen. Er trug angesichts der großen Hitze eine weiße Hose, ein kurzärmeliges, blau- und weißgestreiftes Hemd und einen Strohhut. Mit nervösen, unsicheren Schritten lief er den Gang auf und ab, auf den Portier wartend, der mit einem Gast sprach und ihm keine Antwort gab. »M. Steiner?«

»*Troisieme étage, chambre 24.*«

Zwei Stufen auf einmal nehmend, lief der kleine Mann die Treppe hinauf. Zimmer 21, 23, 24 – er hämmerte mit der Faust an die Tür. Schwere Schritte wurden hörbar. Steiner, ein dicker Mann mit fettem, glattrasiertem Gesicht, gutmütigen, blauen Augen, schlurfte in Pantoffeln zur Tür. »Grüß Sie Gott«, sagte er mit deutlichem Wiener Akzent.

»Grüß Sie der Teufel«, schnarrte der so Angeredete, nach Luft schnappend, und fiel in einen Sessel. »Steiner, wir sind verloren! Alles ist aus! Alles ist vorbei!« Er zog mit zitternder Hand ein Taschentuch aus der Tasche und wischte sich die Schweißperlen von der Stirn.

»Gott schütze uns«, sagte Steiner, unruhig auf dem Bett herumrutschend, auf dem er Platz nehmen mußte, da es nur einen Stuhl im Zimmer gab. »Was ist geschehen?«

»Am Mittwoch, dem 20. August, wird Marseille von deutschen Truppen besetzt«, stöhnte Salomon. »Ich weiß es von Schulze, der es auf der Polizei selbst erfahren hat. Marseille, sowie ganz Südfrankreich, wird von den Deutschen besetzt. Steiner! Steiner! Warum sind wir nicht rechtzeitig mit unserem Geld nach Amerika gegangen? Idioten, die wir sind! Und jetzt sitzen wir in dem Dreck! Es gibt kein Entkommen mehr, wir sind verloren!«

Steiner, der Ausbrüche dieser Art kannte und nicht so leicht aus der Ruhe gebracht werden konnte, ließ den Wortschwall seines unbequemen Gastes über sich ergehen. Als er überlegte, was er antworten könne, klopfte es an die Tür. Wie von einer Schlange gebissen sprang Salomon auf. »Die Polizei«, flüsterte er. »Warum bin ich hergekommen? Gibt es keinen Ausgang?«

»Nein«, sagte Steiner mit strengem Blick und drückte ihn auf den Stuhl. Das Klopfen wiederholte sich. Er öffnete.

»Steiner! Etwas Furchtbares ist passiert. Salomon, Sie sind auch noch hier? Ich dachte, Sie waren schon weg.«

»Ich wünschte, ich wäre es«, preßte Salomon hervor. »Was, um Gottes willen, ist geschehen?«

»Wir werden alle in ein Lager kommen. Es wird eine neue Verordnung herauskommen; keiner von uns wird Marseille verlassen können. Wenn wir im Lager sind, ist alles aus. Dann sind wir auf dem Präsentierteller.«

Es klopfte abermals, und durch die nicht verriegelte Tür stürzte ein

Dritter in das Zimmer. »Wißt ihr schon? Eine Katastrophe! Die spanisch-französische Grenze ist von der Gestapo bewacht. Die Mausefalle ist zu! Wir kommen nicht mehr heraus!«

»Nächstens werdet ihr mir erzählen, daß ich erschossen bin«, brummte Steiner. »Wenn ihr so weitermacht, werde ich euch glauben.«

Ein Sturm der Entrüstung erhob sich.

»Diese Gleichgültigkeit!«

»Dieses Phlegma!«

»Diese Vogelstraußpolitik!«

Hinter seinen Freunden die Tür zumachend, trat Steiner ans Fenster und sah in die schmutzige kleine Gasse hinaus. Er wandte sich vom Fenster ab, zuckte die Achseln und ging hinunter, zu Abend zu essen.

Der Entschluß

Im Spinnennetz der »bobards« gefangen, wußten wir weder aus noch ein. Meinem Vater wurde von jemandem, der behauptete, daß er mit dem Deuxième Bureau[44] in Verbindung stand, versichert, daß Marseille binnen drei Tagen besetzt werden würde. Derselbe Mann bot ihm dann an, ihn für 10000 Francs über die Grenze zu bringen.

In völliger Unkenntnis der Dinge überlegten wir, ob wir an die Grenze fahren oder nach Castres zurückkehren sollten. Wie so viele andere setzten wir unsere Hoffnung auf Frank Bohn, der oft am Abend müde, hungrig, überarbeitet, vom Hotel Splendide zu uns essen kam. Mit breitem und von kleinen Falten bedecktem, typisch amerikanischem Gesicht, das in nichts seine deutsche Herkunft verriet, erzählte er uns in seinem komischen Deutsch die Geschichte von seinem Großvater, der Bürgermeister in einem kleinen deutschen Städtchen gewesen war. Als der Herzog zu alt wurde und des Regierens überdrüssig war, rief er Bürgermeister Bohn zu sich und übertrug ihm die Regierung. Darauf nahm der Bürgermeister einen dicken Knüppel, durchwanderte das Land und regierte.

Jedesmal, wenn Bohn die Geschichte erzählte, legte er Messer und Gabel weg, lehnte sich zurück und lachte, lachte, bis sich alle Leute umschauten. Die Amerikaner lachten noch; die Europäer hatten es schon verlernt...

Die Tage vergingen, und wir saßen in Marseille, ohne daß sich etwas rührte. Mein Vater gab zu, daß irgendwelche Vorbereitungen im Gange waren; was es aber war, wußten wir nicht. Von Emigranten überfüllt, wurde Marseille die Brutstätte der »bobards«, die das, was von unseren Nerven übrigblieb, zermürbten. Eines Tages packten Rinner und seine Frau ihre Rucksäcke und setzten sich, zitternd und schlotternd, auf den Zug. Sie hatten sich eingebildet, daß sie von der Polizei verfolgt seien, und wollten versuchen, irgendwie über die Grenze zu kommen. Eine Woche lang hörten wir nichts von ihnen. Und dann kam ein Telegramm aus Lissabon: SUIVEZ.

Das war ein großes Ereignis. Das erste Mal war jemand von unseren Bekannten der Gefahrenzone entronnen. Mein Vater war noch immer unschlüssig, und da ich nicht wußte, was vorging, wurde ich halb wahnsinnig. Schließlich ersuchten wir um die spanisch-portugiesischen Visen, die uns ohne Schwierigkeiten erteilt wurden. Wir hatten nun, außer dem unerhaltbaren französischen Visum[45], alles beisammen, um hinter der französischen Grenze reisen zu dürfen. Die große Schwierigkeit war der Grenzübertritt. Unfähig, uns zu einem Entschluß zusammenraffen zu können, füllten wir unsere Tage damit aus, vom Hotel de Berne zur Polizei, von der Polizei zu den Konsulaten, von den Konsulaten ins Hotel de Berne zu laufen. Die Spannung wurde unerträglich.

Endlich sagte mein Vater, daß wir uns bereithalten sollten, um jeden Tag abfahren zu können. Und da wurde meine Mutter krank. Schneeweiß und mit geschlossenen Augen lag sie im Bett. Es war eine ihrer Migränen, die, obwohl ungefährlich, sie reiseunfähig machte. Da erfuhr ich endlich, daß wir – auf geheimnisvollen Wegen – Ausreisevisen erhalten hatten. Die Sache mußte streng geheimgehalten werden; keiner von unseren Freunden durfte etwas erfahren. Wir mußten so schnell wie möglich das Land verlassen. Wir saßen wie auf Kohlen. Als meine Mutter wieder einigermaßen auf den Beinen stehen konnte, packten wir unsere Sachen und sagten unseren Freunden, daß wir am Abend fahren würden.

»Wie schade, daß wir nicht zusammen fahren können«, sagten Weichmanns. »Wir fahren morgen.«

Mir lief es bei dem Gedanken, daß jemand mit uns fahren könne, kalt über den Rücken. Die anderen mußten doch versuchen, illegal über die Grenze zu kommen...

Als wir im Schnellzug Marseille – Perpignan saßen, klopfte mein Herz so stark, daß ich meinte, daß jeder im Waggon es hören müsse. Seit Wochen hatten wir uns an »Amerika« geklammert, wie ein Ertrinkender an einen Strohhalm. Seit Wochen hatten wir uns gesagt, daß es nicht gelingen würde, und doch insgeheim daran geglaubt. Seit Wochen hatten ständige Panik und Enttäuschungen uns verrückt gemacht. Und nun saßen wir in einem Zug, der in die Richtung der Grenze fuhr. Ununterbrochen sagten wir uns: Es wird mißlingen, und ständig sagte eine Stimme: Es muß gehen. Ich wagte nicht daran zu denken, daß wir dieselbe Strecke wieder zurückfahren könnten. Andererseits schien es mir unmöglich, daß die Rettung, die so unwahrscheinlich geschienen hatte und die mein Vater von einem »Wunder« abhängig machte, wirklich erfolgen sollte. Und doch war es Rinners gelungen – es wird auch gehen – nein, es ist unmöglich... Meine Gedanken wurden ein unauflösbares Gewirr, und mich in eine Ecke zurücklehnend, hörte ich auf, ihnen zu folgen.

Ein fast verhängnisvolles Experiment

Es war ein nicht allzuheißer Sommertag, an dem wir in Cerbère, dem hübschen französischen Felsennest vor der spanischen Grenze, ankamen. Es gab in dem kleinen Bahnhof zwei Ausgänge. Der eine war für die lokalen Reisenden, der andere für diejenigen, die nach Spanien fahren wollten. Wir wandten uns zu dem zweiten, an dem Polizeibeamte die Pässe einsammelten. Nun hatten wir zwei Papiere; das eine war die »application«[46], auf der die portugiesisch-spanischen Visen waren und das andere unsere tschechischen Pässe mit den kostbaren *»visas de sortie«*. Da die »anderen« alle keine visas de sortie hatten, wollte mein Vater als Versuchskaninchen dienen und versuchen, ob man ohne Ausreisevisen durchgelassen wird. Wir behielten also unsere Pässe, gaben die applications ab und gingen durch die Sperre. Draußen stieß mein Vater auf einen alten Bekannten, den rumänischen Genossen Wurmbrandt. »Sie sind heute angekommen? Gott sei Dank ist die Grenze wieder offen.«

»Die Grenze wieder offen?«

»Ja, wir waren schon letzte Woche hier, und die französische Polizei riet uns, zurückzukehren, woher wir gekommen waren, denn die spanische Grenze sei für immer geschlossen. Heute ist sie wieder offen, es werden aber nur 25 Personen durchgelassen.«

»25 Personen!«

»Ja. Wir werden noch ein paar Tage zu warten haben. Man wird auch jetzt nicht mehr ohne ›visas de sortie‹ durchgelassen. Darf ich fragen: Sie haben doch Visen?«

»J-a. Aber wir haben sie nicht abgegeben.«

»Nicht abgegeben. Um Gottes willen. Bringen Sie es hin und sagen Sie, daß sie es vergessen haben.«

Mein Vater holte aus seiner Westentasche zwei graue Pässe hervor. Ich nahm sie und ging zum Büro.

»*Excusez-moi, monsieur, nous avons oublié de vous donner ces passeports.*«

»*Vous n'auriez pas pu faire attention?*«

Wie dumm, wie dumm von uns, dachte ich, als ich zurückkam. Es ist schon unbequem, getrennte Papiere zu haben, und statt sie fest zusammenzuheften, geben wir sie getrennt ab. Hoffentlich geht es gut ...

Nach einem schlechten Mittagessen machten wir uns auf die Zimmersuche und sahen sofort, daß sie genau so aussichtslos war wie damals, als wir in Bordeaux ankamen. Müde setzten wir uns auf eine Bank, und ich sah, daß mein Vater nach der schlaflosen Nacht wieder am Ende seiner Kräfte war. Mich packte wieder die Verzweiflung. Wie sollte er die Nacht ohne Bett verbringen können? Und wieder waren es Wurmbrandts, die uns halfen. Sie fanden uns auf unserer Bank, und ein Blick auf meinen Vater lehrte sie, daß er in der Nacht ein Bett brauche. Der Himmel weiß wie, tauschten sie mit ihren Bekannten so lange Zimmer aus, bis für uns eine Schlafstelle in einer Villa gefunden war.

An der Grenze zu sitzen und nicht zu wissen, ob man sie jemals wird überschreiten können, ist die Qual der Qualen. Bei der Bahnhofspolizei war täglich die Liste der glücklichen 25 angeschlagen, die über die Grenze fahren durften. Am zweiten Tag erkundigte ich mich, wann wir auf eine Abreise rechnen dürften. »Frühestens in drei Tagen.« Es wurde unerträglich.

Als wir noch in Marseille waren, hatte man uns gesagt, daß der Bürgermeister von Cerbère, der Sozialist ist, ein vertrauenswürdiger Mann sei, an den man sich um Hilfe wenden könne. Er hatte außer seinem Amt einen zweiten Beruf. Er war Spediteur und schien sich um den letzteren Beruf mehr zu kümmern als um den ersten. Da wir ihn auf der hübschen kleinen Mairie nicht finden konnten, gingen wir in sein Spediteur-Büro. Ein dicker, kleiner Mann mit rotem Gesicht empfing uns, und als wir ihn um ein Privatgespräch baten, führte er uns in ein kleines Zimmer, in dem ein Schreibtisch und ein paar Sessel standen. Er bat uns, Platz zu nehmen, und hörte unsere Geschichte an. Dann griff er nach dem Telephonhörer und ließ sich mit der Polizei verbinden. »Sie können übermorgen fahren«, sagte er freundlich und, uns verabschiedend, ließ mein Vater ein Wort über die Lage der deutschen Emigranten in Frankreich fallen. Der Bürgermeister sah uns mit seinen leblosen Augen an. »*Et nous, les socialistes français, est-ce que nous sommes hors du danger?*«

Ich hatte mich seit langem nicht mehr so geschämt.

Weichmanns waren angekommen und, da Wurmbrandts abgefahren waren, konnten wir ihnen ein Zimmer in der Villa verschaffen, in der auch wir untergekommen waren.

Nun ließ sich die Tatsache, daß wir in einer andern Situation waren als sie, nicht mehr verschweigen. Mit großen Augen hörten sie, daß wir Visa bekommen hatten und sagten nichts.

24 Stunden vor der Abfahrt wurden die Listen der Fahrenden angeschlagen. So fanden auch wir unseren Namen an der Tür der Polizei prangen. Nun konnte wenigstens niemand mehr daran zweifeln, daß unsere Abfahrt in Nacht und Nebel stattfinden sollte... Unsere visas de sortie waren auch ein wohlgehütetes Geheimnis.

Am Tage vor unserer Abfahrt, um die Mittagsstunde, lagen wir in unseren Betten und schliefen. Ich versuchte mühsam, das Feuer der Aufregung in mir zu ersticken. Bis jetzt war doch alles gutgegangen. Morgen um dieselbe Zeit würden wir in Spanien sein. Sicher würde alles sich noch zum Guten wenden. – Nein, es ist nicht mehr auszuhalten. Wie erträgt man noch weitere 24 Stunden? Was kann in diesen 24 Stunden passieren! So kurz vor dem Ziel – doch könnte noch alles zusammenbrechen. 24 Stunden, das sind 1440 Minuten, das sind 86400 Sekunden; 86400 lange, qualvolle Sekunden wie die, die ich jetzt durchmache. Mein Gott, wenn noch etwas passieren würde...

Es klopfte. Ich zuckte zusammen, und mir war, als bliebe mir das Herz stehen. Jetzt war das Unheil gekommen! Ein kleiner, nach Atem schnappender Mann mit freundlichem Gesicht kam herein. Ein russischer Genosse, den wir kaum kannten. »Herr Stampfer, ich dachte, daß Sie es nicht wissen. Ich bin hier heraufgekommen, um Ihnen zu sagen – daß – daß Sie von der Liste gestrichen sind. Sie müssen sofort zur Polizei herunterkommen!«

In weniger als fünf Minuten waren wir in unsern Kleidern und auf dem Weg ins Dorf. Mein Vater war kreidebleich. Ich hatte ihn noch nie so gesehen. »Jetzt – ist – alles aus«, hörte ich ihn murmeln.

In der Nähe des Bahnhofs angekommen, lief ich voraus. Ich blieb vor der Liste stehen, sah unsern Namen und daneben gekritzelt: *Pas de visas de sortie*.

In einem Bruchteil einer Sekunde hatte ich begriffen. Das Mißverständnis, das ich befürchtet hatte, war eingetreten. Nichts war verloren. Die Sache war furchtbar einfach. Es war kein Befehl gekommen, uns an der Ausreise zu hindern. Die Herkunft unserer Visen war nicht entdeckt worden. Durch unsere eigene Schuld waren unsere Papiere auseinandergekommen, und alles, was man zu tun brauchte, war, die Papiere zusammenzulegen.

Und nun machte ich eine Dummheit und einen Fehler. Statt zurück zu meinen Eltern zu gehen, sie zu beruhigen und ihnen die Sache zu erklären, ging ich sofort ins Büro hinein. Ich wollte die Sache in Ordnung bringen, bevor meine Eltern überhaupt kamen. Binnen zwei Minuten war es auch geschehen. Ich hatte alles aufgeklärt, mich entschuldigt, die Pässe waren zusammengelegt worden und, wie zuvor, zählten wir zu denen, die am nächsten Tag, dem 8. September, die Grenze überschreiten durften.

Ich wandte mich zum Gehen, und in der Sekunde kam mein Vater, aufgeregt, mit weitaufgerissenen, müden Augen, stotternd und stammelnd wie immer, wenn er nervös ist und eine fremde Sprache sprechen muß, herein. Der Beamte sah ihn prüfend und mißtrauisch an, und einen Moment lang glaubte ich, daß alles verdorben sei. Ich weiß nicht, was mein Vater, der sich fest einbildete, daß man entdeckt hätte, daß er sein Visum nicht auf dem gesetzlichen Weg erhalten hatte, noch gesagt hätte. Ich ließ ihn nicht sprechen, sagte, daß wir den Beamten nicht länger zu stören brauchten, und mit einer nochmaligen Versicherung, daß wir am folgenden Tag fahren könnten, gingen wir hinaus.

Vielleicht trug diese große Aufregung dazu bei, daß wir den Rest des Tages ruhiger waren.

Weichmanns hatten beschlossen, am selben Tag wie wir, am frühen Morgen, den Weg über das Gebirge anzutreten. Ihr ganzes Besitztum bestand aus einem Rucksack und einem ganz kleinen Koffer mit ein paar alten Kleidern und Hemden. Neben ihnen kamen wir uns mit unseren vier Koffern wie die Fürsten vor. Da sie ihren Koffer unmöglich über den Berg schleppen konnten, wurde ausgemacht, daß wir ihn mit der Bahn nach Port-Bou, dem spanischen Grenzstädtchen, mitnehmen würden, daß sie dort auf uns warten würden, um den Koffer in Empfang zu nehmen. Am Abend schieden wir, und als wir uns gegenseitig Glück wünschten, wußten wir, daß wir einem unsicheren, dunklen, gefahrvollen Schicksal entgegengingen, einem Schicksal, das uns zum Abgrund, aber auch dem Heil entgegenführen konnte, einem nahen Schicksal, dessen schwarze Tiefen wir noch nicht durchdringen konnten.

Die Nacht

Vom Fieber der Aufregung geschüttelt, trat ich ans Fenster. Wie die Küken an die Henne, Schutz suchend vor kalten Stürmen und dem Zorne des Meeres, schmiegten sich die Häuser von Cerbère an die Bergwände an. Hart und fest war der Boden, kahl und nackt waren die Berge. Ein paar schwache, kränkliche Weinpflanzen rankten sich an den Steinen empor. Die Kreuze des kleinen Friedhofes schimmerten weiß. Das Meer, das sich in die Berge hineinstahl und fast die Straßen des Dorfes berührte, glänzte und glitzerte im hellen Dunkel der Nacht. Das schöne, neue Gebäude ist die Schule, vorn am Platz steht die aus roten Ziegeln gebaute Mairie, weiter hinten liegt der Bahnhof, dieser Bahnhof von Cerbère, der eine so große Rolle in meinem Leben spielte.

Liebes, kleines französisches Dorf! Vielleicht, wahrscheinlich sogar, sollte dies die letzte Nacht in Frankreich sein. Die letzte Nacht! In aller seiner Größe kam der noch kaum erwogene Gedanke über mich: die letzte, die allerletzte Nacht in Frankreich! Ich setzte mich auf einen Sessel neben dem Fenster, so daß ich nur noch den Himmel sehen konnte, den Sternenhimmel, der sich über allen Erdteilen, allen Ländern, allen Menschen wölbt.

Die letzte Nacht! Hier, auf dieser Seite der Berge lag meine Kindheit und meine Jugend. Drüben, jenseits der Berge, mein weiteres Leben, dicht verhüllt vom Schleier der Zukunft. Hier, auf dieser Seite, liegt mein Europa, meine Heimat, mein blutendes, leidendes Vaterland. Drüben, jenseits der Berge, liegt Amerika, glücklich und unberührt von dem Brand, der Europa in Flammen steckt. Die letzte Nacht...

Die Nebel hinter den Bergen ballten sich; deutliche Gestalten kamen hervor, aus der Tiefe des Meeres und den Schluchten der Gebirge. Wehmütige Gestalten, drohende Formen, klagende Geister, weinende Köpfe, hohnlachende Züge, liebende Augen – sie kamen und kamen aus den Fernen des Gebirges und den Abgründen des Meeres – die Geister meiner Kindheit. Mit ihren kalten, heißen, frierenden, glühenden, brennenden Lippen drückten sie den Abschiedskuß auf meine Stirn. Und sie kamen und kamen und füllten das Tal und füllten das Haus und füllten das Zimmer und füllten meine Seele, und sie hoben mich empor und trugen mich hinaus, hinweg über die Berge, hinüber in die Eiswüste der kalten, der fremden, der neuen Zukunft – und sie gingen zurück, zurück über die Berge, die die Grenze waren, zwischen Vergangenheit und Zukunft. Sie verließen mich und zogen meine Kindheit mit, hinein in die Schluchten des Gebirges und die Tiefen des Meeres.

Der Geburtstag meines Vaters

Am Vormittag kam der Gepäckträger und brachte unsere vier Koffer und den Koffer von Weichmanns hinunter zum Bahnhof. Ich weiß nicht, ob es hundert- oder tausendmal war, daß ich zum Bahnhof lief, um zu sehen, ob die Grenze noch offen sei und ob unser Name noch auf der Liste stände. Es geschah nichts Außergewöhnliches, was schon genug war, um mich mißtrauisch zu machen. Gegen 12 Uhr saßen wir in dem immer überfüllten Bahnhofsrestaurant, um das immer schlechte Essen herunterzuwürgen. Um halb zwei gingen wir hinüber zum Polizeibüro und stellten uns zu der großen Menge der wartenden Menschen. Nach ein paar Minuten wurde der Schalter geöffnet, und das Ausrufen der Namen begann. Ein großer Teil der Leute war schon durchgelassen worden, und unser Name war noch nicht genannt. Ich war fest überzeugt, daß unsere Pässe verlorengegangen seien; man hatte nämlich überhaupt keine Beweismöglichkeit, daß sie abgegeben worden waren.»Madame et Mademoiselle Stampfer«, rief plötzlich einer der Beamten, und mit pochendem Herzen nahmen wir unseren Paß in Empfang und gingen durch die Sperre. Als ich mich umdrehte, stand mein Vater noch draußen. Um Gottes willen, wenn... Ich hatte keine Zeit, meinen Gedanken zu Ende zu führen, als auch mein Vater die Löwenhöhle glücklich passiert hatte. Wir konnten nun auf den Bahnsteig gehen.

Ein kleiner Zug von drei Waggons erwartete die wenigen Fahrgäste. Es dauerte noch eine halbe Stunde, bis alle Reisenden abgefertigt waren und auf einer bequemen, gepolsterten Bank sitzend, hatte ich Zeit und Muße, die Bergwand zu betrachten, über die Weichmanns, deren Schicksal uns noch unbekannt war, verschwunden waren.

Die letzten unserer Schicksalsgenossen kamen zum Zug, die Türen wurden zugeschlagen. Mir war, als versänke der Boden unter meinen Füßen. Der Zug rollte an, er fuhr. Dort irgendwo, in dem langen, schwarzen Tunnel, durch den wir schon seit fünf Minuten fuhren, war die Grenze zwischen Frankreich und Spanien. Das Tageslicht, aus dem wir kamen, war Frankreich, das Tageslicht, dem wir uns näherten, war Spanien. Erst war Licht, und dann wurde Dunkelheit. Schwarz war die Nacht. Dann, in der weiten Ferne, tauchte ein helles Pünktchen auf, es wuchs und wuchs und wurde breiter und größer. Und dann ward wieder Licht, das uns verheißend umstrahlte.

Das erste, was wir in Spanien sahen, dieses abscheuliche Bild, das uns überall verfolgen sollte, in Hotels, auf der Post, auf Bahnhöfen, in den Straßen, war das Bild von Franco, der in militärischer Uniform mit einem Fell über der Schulter, unaufhörlich und unabwendbar auf Spanien heruntergrinst. Die spanischen Beamten nahmen sich Zeit, und es dauerte lange, bis wir mit beklommenen Herzen unsere Pässe stempeln lassen konnten. Dann hieß es abermals warten, bis ein behandschuhter Beamter unsere fünf Koffer durchwühlt hatte und wir auf die andere Seite des Bahnhofs gehen konnten, um unser Gepäck in ein Hotel bringen zu lassen. Der Gepäckträger, der kein Wort Französisch konnte, hatte unsere Koffer zusammengestellt. Eins, zwei, drei, vier – um Himmels willen, wo ist Weichmanns Koffer? Mit großer Mühe machten wir dem Gepäckträger klar, daß ein Koffer fehlte. Er führte uns überall herum, in jeden Schuppen, jeden Wagen, jeden Gepäckaufbewahrungsraum. Wir waren wütend. Auch noch diese Schererei und ausgerechnet mit einem Koffer, der uns nicht gehörte. Weichmanns waren auch nicht am Bahnhof; das bedeutete also, daß es schiefgegangen war.

Der Koffer, der Koffer! Wäre es unserer gewesen, hätten wir uns nicht darum gekümmert. Was ist ein Koffer, wenn es ums Leben geht? Es war aber nun nicht unser Koffer, und wir suchten, suchten. Der Koffer war nicht zu finden. Schließlich ließen wir uns einen Beamten kommen, der Französisch verstand, meldeten, was geschehen war, und gingen sehr ärgerlich, ohne den Träger zu bezahlen, weg.

Port-Bou ist im Charakter ganz anders als ihre französische Schwesterstadt Cerbère. Cerbère macht einen viel weniger wilden Eindruck als Port-Bou. In Cerbère ist das Leben mühsam; in Port-Bou ist es dem Tode abgerungen. In Port-Bou steht unter zehn Häusern nur noch eines, und die Ruinen sind noch so, wie sie vor zwei Jahren entstanden sind. Kein Stein ist weggeräumt, zerbrochene alte Möbel liegen in den Ruinen, keine Fensterscheibe war wieder eingesetzt. Von manchen Häusern waren die tapezierten Wände übriggeblieben. Man konnte noch sehen, wo der Küchenherd gestanden hatte, wo die Betten gewesen waren. In Lumpen gehüllte, elend aussehende Menschen schlichen in den Trümmern herum.[47]

Langsam gingen wir den Hügel zur Kirche hinauf und setzten uns auf ein Steinmäuerchen. Die Kirche war ziemlich unbeschädigt; es waren nur ein paar Fenstergläser zerschlagen. Ganz oben aber, auf dem Kirchturm, war eine Statue der Mutter Gottes, und ihr fehlte der Kopf.

Für ihn war es geschehen, für ihn, dessen grinsendes Bild über dem Lande thronte. Für ihn sind Heiligen und Menschen die Köpfe abgeschlagen worden, für ihn sind Kirchen beschossen und Häuser dem Boden gleichgemacht worden. Die Mutter Gottes wacht ohne Kopf über dem zertrümmerten Port-Bou; dafür hängt sein Kopf über den Menschen und ihrem Leben.

Es war so still dort oben, auf unserm Mäuerchen, und wir störten diese Stille nicht durch unser Sprechen. Wir hingen alle der Kette der Gedanken nach, die uns hinwegführten. Dieser Tag war der 66. Geburtstag meines Vaters. Es war kein Geburtstag mit Blumen und Gratulationen und Gästen. Es war ein eigenartiger 66. Geburtstag, auf dem Steinmäuerchen neben der kleinen Kirche in Port-Bou unter der verstümmelten Mutter Gottes. Er war gewiß nicht schön, dieser 66. Geburtstag. Trotzdem war er besser, als wir jemals gewagt hatten zu hoffen. Dieser Tag sah zwar noch nicht die ersehnte Rettung; er brachte sie aber in erreichbare Nähe. Es lagen noch drei Tage Spanien vor uns, die nicht ungefährlich waren. Das Schlimmste aber schien doch vorüber zu sein. Es war merkwürdig, ich konnte kein Gefühl der Freude aufbringen, das Land dort hinter den Bergen verlassen zu haben. Aber kann man andere als schwarze Gedanken haben, in diesem Land der Trauer?

Meine Mutter weinte leise vor sich hin. Am Abend nahmen wir Abschied von der Mutter Gottes ohne Kopf und gingen in unser Hotel.

Das Mißgeschick der Weichmanns

Um vier Uhr früh folgenden Tages fuhren wir, nachdem wir uns noch einmal vergeblich nach Weichmanns Koffer umgesehen hatten, nach Barcelona. Gegen Mittag kamen wir dort an. Kaum aus dem Zug gestiegen, sahen wir eine Dame durch die Menge rennen. Sie stürzte sich auf mich und küßte mich. »Frau Weichmann! Wir dachten, daß Sie zurückgeschickt worden sind!«

Glückstrahlend kam auch er an. »Was für ein Glück, Kinder, was für ein Glück!«

»Ja«, sagte mein Vater kummervoll. »Es ist sehr schön, daß ihr da seid. Aber, aber, euer Koffer ist uns gestohlen worden!«

»Unser Koffer, den haben wir doch!«

»?«

»Da unser Zug von Port-Bou um drei Uhr abging und ihr ein paar Minuten vor drei ankamt, haben wir uns unseren Koffer genommen, haben dem Gepäckträger gesagt, daß er euch Bescheid sagen soll und sind abgefahren.«

»Das habt ihr gut gemacht«, sagte mein Vater. »Ihr stehlt euern eigenen Koffer, und wir müssen uns deswegen stundenlang auf dem Bahnhof herumärgern!«

Wir machten gemeinsam einen kurzen Spaziergang durch die Stadt. Von Marseille aus hatten Weichmanns schon mit uns fahren wollen. (Wir mit ihnen erst ab Port-Bou.) Da sie lange vor uns in Barcelona angekommen waren, wollten sie am Abend abfahren, während wir in der Nacht schlafen wollten und erst am Morgen weiterfahren. Es wurde also beschlossen, daß Weichmanns uns in Madrid vom Bahnhof abholen würden, und daß wir dann den Rest der Reise gemeinsam machen würden.

Am frühen Morgen des nächsten Tages stiegen wir, da es keine 2.-Klasse-Wagen gab, in ein Abteil der 1. Klasse, wie es in einem solchen Fall üblich ist. Ich war sehr glücklich, daß wir nicht die Qual einer 3.-Klasse-Fahrt durchmachen mußten. Die Fahrt von Barcelona nach Madrid dauert etwa 16 bis 18 Stunden und ist stellenweise sehr schön. Kurz vor Madrid kamen wir im hellen Mondschein durch ein Felsengebirge, das, obwohl es weit vom wirklichen Handlungsort liegt, als Szenerie für *Carmen* dienen könnte. Spät in der Nacht kamen wir in Madrid an. Wie verabredet standen Weichmanns am Bahnhof. Als wir aus dem Gebäude herauskamen, glaubte ich, im

Märchenland zu sein. Eine lange Kette von Lichtern und flimmernde, flackernde, bunte Lichtreklamen erleuchteten die Stadt. Ich kam mir vor wie ein Maulwurf, der aus der Tiefe der Erde wieder ans Licht kommt. Seit langem hatten wir in verdunkelten, düsteren Städten gelebt, und hier war wieder Licht!

Als ich am nächsten Morgen ins Frühstückszimmer kam, fand ich dort Weichmann und meinen Vater. Ich hatte noch nie einen Menschen so strahlen sehen, wie Weichmann auf dem Bahnhof in Barcelona. Um so mehr fiel mir die Veränderung auf, die plötzlich mit ihm vorgegangen war. Düster und zusammengesunken saß er in einem Korbstuhl. Erschreckt erkundigte ich mich, was geschehen sei. »Meine Frau hat gestern abend ihren Paß verloren!« sagte er tonlos. Ich fiel in einen Sessel. Den Paß verloren! Nachdem alles glücklich verlaufen war, nachdem sie heimlich über die Grenze gekommen waren und in 24 Stunden in Portugal sein könnten, mußte dies passieren. In Spanien, einem Land, dessen Sprache man nicht kannte, gefangen zu sein, ist schlimmer, als in Frankreich zu sein, wo man sich leichter »debrouillieren« kann.

Nun hatten Weichmanns beide französische »Titres de Voyage«. Da sie infolge einer dummen Stockung in Marseille nicht mehr ihre amerikanischen Visen bekommen konnten, hatten sie sich siamesische Visen gekauft, um mit diesen Papieren nach Portugal zu gelangen und in Lissabon die amerikanischen Visen in Empfang zu nehmen. Der einzige Ausweg aus dieser verzweifelten Lage war, zum amerikanischen Konsulat zu gehen und dort den ziemlich aussichtslosen Versuch, eine »application« zu erhalten, zu unternehmen. Da mein Vater noch am ehesten Einfluß hatte, ging er am Vormittag mit ihnen zum Konsulat.

Meine Mutter und ich machten unterdessen einen kleinen Spaziergang in Madrid. Es ist fraglich, was grauenhafter ist, Krieg oder Nachkriegszeit. Madrid, die Stadt der Armen, ist das furchtbarste Beispiel der Leiden der Nachkriegszeit. Es scheint in Spanien keine Fensterscheiben zu geben; selbst die Fenster des Bahnhofes und der wichtigen öffentlichen Gebäude sind nicht ersetzt worden. Die große Oper ist völlig zertrümmert, und man hat sich nicht einmal die Mühe genommen, die Ruine wegzuschaffen. Es gibt in der ganzen Hauptstadt nicht eine elegant oder gut gekleidete Frau. Die Straßen sind voll von Bettlern, Krüppeln und Blinden, um die sich niemand kümmert. An einer Straßenecke sah ich eine blinde Frau, die einem etwa zweijährigen Kind mit großem Wasserkopf die Brust gab.

Niedergeschlagen kehrten wir ins Hotel zurück und warteten, nervös und unruhig, auf meinen Vater. Gegen zwei Uhr nachmittags kam er müde zurück. Der Konsul sei überaus nett und hilfsbereit, er habe fest versprochen, daß er auf Gutglauben eine »application« ausstellen würde. Frau Weichmann solle am nächsten Tag zurückkommen.
Um acht Uhr abends ging unser Zug zur Grenze. Wir nahmen Abschied von Weichmanns, die sehr niedergedrückt waren, und wünschten ihnen viel Glück. Es war ein bitteres Gefühl für sie, uns abfahren zu sehen. Sie hatten doch mit uns fahren wollen und mußten nun zurückbleiben. Auch wir waren sehr niedergeschlagen, als wir mit dem Taxi durch das traurige Madrid fuhren. Es war ein großes Gefühl der Erleichterung für uns, als wir Madrid hinter uns hatten.

Gerettet

Ich lag in dem halbleeren Abteil auf einer Bank und versuchte zu schlafen. Der Mond schien und erleuchtete die Landschaft. Von Zeit zu Zeit hob ich den Kopf, um zum Fenster hinauszuschauen. Die Fahrt von Madrid nach Valencia ist das eintönigste, das es gibt. Wohin das Auge auch blickt, es erreicht nur ebene Graswüsten und Millionen von Ölbäumen. Der unfruchtbare Boden kann nur Farbloses hervorbringen. Die bunten Farben sind nur dort, wo ein fetter Boden die Aristokratie der Pflanzen hervorbringen kann. In den trockenen Wüsten von Spanien ist das Reich der Ärmsten der Ärmsten. Hier regiert das harte, scharfe, graubraune Steppengras. Der einzige Baum, der mit diesen Lebensbedingungen zufrieden ist, ist der silbergrün belaubte Ölbaum. Auch die wenigen Menschen, die hier ein kümmerliches Dasein fristen, kennen keine hellen Farben. Ihre Hütten sind aus rotgelbem Lehm gebaut und sehen aus, wie aus der Erde gewachsen. Manche Hütten bestehen nur aus Gras und Zweigen. Sie sind kreisrund und laufen oben spitz zu. Es sind fensterlose Höhlen, die den Behausungen der Wilden in Afrika gleichkommen. Der Mondschein, schwach und mild, schien die rechte Beleuchtung für diese farblose Landschaft.
Mein Vater hatte in Madrid eine spanische Zeitung gekauft und versuchte, daraus zu entnehmen, was in der Welt vorgegangen sei, seit wir die letzte französische Zeitung gesehen hatten. Er zeigte mir eine kleine Notiz, aus der zweifellos hervorging, daß die spanisch-portugie-

sische Grenze gesperrt sei. Später erfuhren wir, daß sich diese Sperrung nicht auf die bezog, die schon Visen hatten, aber ein Unglück für Visalose war. Die arme Frau Weichmann wurde davon betroffen. Jedoch als wir von Madrid nach Valencia fuhren, flößte der Gedanke, daß wir in dieser Wüste steckenbleiben könnten oder gar nach Madrid zurückkehren müßten, den größten Schrecken ein.

Wie in jedem Zug kam ein Beamter, um unsere Papiere zu kontrollieren. Jedesmal dachte ich mit klopfendem Herzen, daß es ein unangenehmer Sport sei, mit unserem Namen durch Spanien zu fahren. Zu meiner Erleichterung sah ich aber, daß die Beamten nur nach den Visen schauten und den Namen überhaupt nicht beachteten. Solange wir noch nicht in Portugal waren, waren wir noch immer in Gefahr. Und nun war vielleicht der Weg nach Portugal gesperrt... Hoffentlich haben wir die Zeitung falsch gelesen; mit diesem Gedanken legte ich mich zurück und machte die Augen zu.

Um acht Uhr morgens kamen wir im spanischen Grenzdorf an. Die Gepäckträger öffneten die Türen und brachten die Koffer in den Zollraum. Also scheinbar ging es noch! Keiner von uns hatte in der Nacht geschlafen. Die Beamten unterzogen die Reisenden einer Tortur. Erst mußte man stundenlang warten, bis die Koffer durchwühlt waren. Dann mußte man sich bemühen, sie so gut wie möglich zu schließen, um sich der langen Kette der Menschen anzuschließen, die auf eine Leibesvisitation warten mußten. Dann wurde man in einer kleinen Kabine abgetastet und in den Raum geführt, wo man sein Geld vorzeigen und deklarieren mußte. Als mein Vater, müde und abgespannt, am Schalter stand, sagte man ihm, daß er zu viele Peseten gebracht habe. Man könne nur hundert Peseten pro Paß wechseln; der Rest müsse zurückgelassen werden. Machtlos standen wir diesem frechen Diebstahl gegenüber. Von dem bißchen Geld, das wir hatten, verloren wir ein paar hundert Peseten. Der Beamte fragte uns, an welche Adresse er dieses Geld schicken sollte. Mein Vater nannte den amerikanischen Konsul in Madrid.

Später erfuhren wir, daß der Konsul oft Briefe von Leuten bekommen hatte, die in der gleichen Lage waren wie wir, daß er aber noch nie einen Pfennig von diesen Summen gesehen habe.

Um ein paar hundert Peseten ärmer, standen wir mit den anderen Reisenden in der Sommerglut auf dem Bahnhof und beteten, daß der Zug, der noch nicht da war, ankommen möge. Nur weg, nur fort aus diesem schmutzigen Spanien! Gegen Mittag kam der Zug an. Wir stürzten uns auf ihn wie wilde Tiere auf die Beute. Eine Stunde lang rollten wir der Grenze entlang, bis wir von weitem blühend weiße Häuser mit roten Dächern sahen. Wir wußten gleich, daß dies nicht mehr Spanien war.

Der Zug hielt im weißen Dorf, und ein paar bildhübsche Bauernburschen holten unsere Koffer heraus. Hier gab es keine Gepäckuntersuchung und keine Leibesvisitation. Unsere Pässe wurden eingesammelt und sollten uns um fünf Uhr, wenn der Zug nach Lissabon fahren würde, ausgehändigt werden. Wir gingen in das saubere, freundliche Bahnhofsrestaurant und setzten uns an einen Tisch.

Ganz langsam, ganz langsam, drang ein wundervoller Gedanke in unsere Seele wie Glockengeläute durch die Abendstille. Wir sind gerettet. Wir sind außerhalb des Bereiches der Gestapo. Wir sind dem drohenden Schatten des Todes entronnen. Wir sind dem Leben wiedergeschenkt. Wir dürfen wieder Menschen sein!

Lissabon

Als wir um Mitternacht in Lissabon ankamen, erwarteten uns Rinners am Bahnhof. Mit der selbstverständlichsten Miene begrüßten sie uns, als ob sie uns vom Bus 94 in der Butte[48] abholen würden. Ich weiß nicht, was sie anderes hätten tun können. Ich aber war entsetzt. Wie konnte man nur über das billige Hotel und das gute Essen und das nächste Schiff sprechen? War es nicht ein heiliger Moment, daß wir, allem Schrecken von Agen, Sète, Castres, Marseille entronnen, auf dem Bahnhof von Lissabon zusammentrafen? Rinner schien den Moment vergessen zu haben, wo ein gewisser grauer Regenmantel durch die Luft geflogen war...

Bis zum heutigen Tag ist Lissabon noch, was es war, als ich dort ankam: die letzte, vom Krieg unberührte, »freie« Stadt Europas, die einzige Tür, durch die man noch von Europa die übrige Welt erreichen kann. Staunend standen wir in den ersten Tagen vor den Geschäften und trauten unseren Augen nicht. In den Schaufenstern türmten sich Käse, Wurst, Fleisch, Butter, Milch, Obst, Gemüse, Schokolade, Honig, Kuchen und Zentner braunen, wohlriechenden Kaffees, der in Portugal fast gar nichts kostet. Gab es noch so etwas auf der Welt?

Ich aß stückweise Zucker, was ich noch nie vorher getan hatte, und verschlang Berge von Kuchen. Als viele Wochen später Anna und Lily Geyer nach großen Mühen in Lissabon ankamen, wurde Lily einmal in eine Konditorei eingeladen. Als sie nach Hause kam, fragte ihre Mutter: »Hast du Kuchen gegessen?« »Weißt du«, sagte Lily, »ich habe nur fünf Stücke gegessen, und da ich eingeladen war, konnte ich doch nicht gut mehr verlangen.«

Wenn Spanien blaß und grau ist, so ist Lissabon die Stadt, die leuchtet. Lissabon gehört zu den schönsten Städten der Welt; seine Farben haben sicher zu diesem Rang beigetragen. Noch nie habe ich Häuser eine so wundervolle Farbensymphonie bilden sehen. Rote, grüne, blaue, gelbe Häuser in allen Tönungen stehen nebeneinander. Manche Häuser sind aus künstlerisch gemusterten Kacheln gebaut, und die helle, strahlende Sonne des Südens verleiht ihnen eine besondere Schönheit. Lissabon liegt auf Hügeln. Niemals vorher habe ich ein so abwechslungsreiches Stadtbild gesehen. Wenn man zum Beispiel von der alten zerfallenen Burg den Berg hinuntergeht, kommt man durch ein paar ganz enge Gäßchen, wo schmutzige, braune Kinder vor den Türen der kleinen Hütten spielen. Dann geht es steil den Berg hinunter, und plötzlich öffnet sich der Blick über das Meer der Dächer hinunter zum Tejo und den Schiffen, die langsam und majestätisch zum Meere gleiten.

Herrlich ist der Spaziergang vom breiten Praça do Comercio, der direkt am Fluß liegt, hinauf auf den Rossio, das Zentrum des Stadtlebens, und weiter hinauf auf die lange, breite, mit Palmen bewachsene Avenida da Liberadade. Keine Stadt hat so viel Anlagen wie Lissabon. Wo nur ein bißchen Platz ist, findet man einen grünen Rasen, Blumen und Bäume.

So schön Lissabon auch ist, nach einer Woche wünschte ich sehnlichst, von dort wegkommen zu können. Unsere Pension war überfüllt von Emigranten. Wo Emigranten sind, gibt es Klatsch und »bobards«. Ein paar Tage nach uns kam Weichmann an, in einem Zustand größter Verzweiflung. Er erzählte uns, daß sie einen Tag nach unserer Abreise die »application« bekommen hatten, damit glückstrahlend auf das portugiesische Konsulat gegangen seien, um dort zu erfahren, daß die Erteilung von portugiesischen Durchreisevisen für eine unbestimmte Zeit eingestellt sei. Nun hatten sie nach Marseille gekabelt und um die Bestätigung gebeten, daß Frau Weichmann schon ein Visum erhalten hatte. Unterdessen aber habe die spanische Polizei Schwierigkeiten gemacht, und seine Frau habe ihn himmelhoch gebeten abzufahren, da es für sie allein leichter sei, durchzukommen. Nun war er gefahren, und er bereute es bitter.

Nach einiger Zeit trafen endlich Vogels und Ollenhauers und auch Frau Weichmann ein. Nun stellte sich heraus, daß der amerikanische Konsul in Lissabon emigrantenfeindlich gesinnt war und große Schwierigkeiten mit der Visenerteilung machte. Frau Weichmann hatte nun ihr Visum; Herr Weichmann sowie die Söhne von Vogel und Ollenhauer nicht. Die Schwierigkeiten fingen also von neuem an, und mit ihnen wuchsen die »bobards«. Statt froh und glücklich zu sein, daß man in Lissabon war, erfand man Geschichten, daß die deutsche Armee auf dem Marsch durch Spanien sei, um Lissabon zu besetzen.

Dies war ein Grund, der mir Lissabon verleidete. Der zweite war die Unfreiheit der Frauen. Frau Schwerin, deren Eltern alte Freunde meines Vaters sind und die nach Lissabon emigriert ist, erzählte mir, wie unterdrückt die Frauen in Portugal lebten. Die Frauen haben sich im Haus zu halten. Frauen an der Universität sind noch eine Seltenheit. Eine »anständige« Frau geht am Abend nicht aus. In den großen Cafés sah man zwei Frauen auf hundert Männer. Es war sehr unangenehm allein auf der Straße zu sein. Ich hatte bald genug von den Belästigungen, denen ein weibliches Wesen ständig ausgesetzt ist.

Dann hatte ich genug von dem Zigeunerleben, das wir seit Monaten führten. Ich sehnte mich nach einem geordneten Leben, nach Arbeit, nach einer Beschäftigung. Ich hatte ein wenig Furcht vor Amerika und dem neuen Leben, das ich dort beginnen sollte. Ich wollte so schnell wie möglich den Sprung ins Wasser tun. So kam es, daß ich mit brennender Ungeduld die Ankunft der »Nea Hellas« erwartete, die uns über das große Wasser fahren sollte.

Die Abfahrt

Mit ihren achtzehntausend Tonnen war die »Nea Hellas« das weitaus größte Schiff, das zur Zeit zwischen Europa und Amerika den Verkehr aufrechterhielt. Majestätisch flatterte die weißblaue griechische Flagge neben der rotgrünen portugiesischen im Wind. Das bunte, lebhafte, geschäftige Bild des Hafenlebens erhielt durch die Ankunft des großen Schiffes eine noch unruhigere Note.

Unter der griechischen Flagge also sollten wir nach Amerika fahren!

Langsam schlich das Reisefieber in mich ein, bis es mich gefangenhielt. In drei oder vier oder fünf oder sechs Tagen würde das Schiff abfahren. Ständig wurde die Abfahrt verschoben, um einen Tag, und noch einen Tag, und noch einen Tag. Wenn nicht noch der Himmel einstürzt, dann fahren wir. »Amerika« war so nah und doch so unendlich fern, daß mir der Gedanke, daß ich acht Tage nach der Abfahrt in New York sein würde, phantastisch erschien.

Endlich wurde der Tag festgelegt. Am 6. Oktober gegen zwei Uhr nachmittags hielt ein Taxi vor der Pensao Leirieuse. Nachdem wir von allen Freunden Abschied genommen hatten, sagten wir dem Chauffeur, daß er uns an die »Nea Hellas« fahren solle. Er nickte, und ich sah noch einmal zu den Fenstern hinauf, wo Vogels, Ollenhauers und Weichmanns standen und winkten.

Wir fuhren zum letztenmal durch die Straßen von Lissabon. Kurz vorm Pier ging die Fallbrücke über den Fluß, der den Pier von der Stadt trennte, in die Höhe. Das bedeutete, daß wir noch eine halbe Stunde länger auf dem europäischen Kontinent weilen würden. Von dem Platz, auf dem wir standen, konnte man die Schornsteine des Schiffes sehen und den grau-bläulichen Rauch, der sich in die Luft kräuselte und dann verblaßte. Noch eine halbe Stunde und dann noch vielleicht eine Stunde, und dann würde ich schon keinen europäischen Boden mehr unter den Füßen haben...

Die Brücke wurde wieder heruntergelassen, und wir konnten hinüberfahren. Eine große Menschenmenge stand vor dem Schiff. Es dauerte furchtbar lange, bis man hinaufgelassen wurde, denn jeder einzelne wurde von einem Arzt geprüft, ob er geimpft worden war. Es war furchtbar schlecht organisiert. Wir mußten eine Stunde im Gedränge warten, bis der unhöfliche Beamte uns aufs Schiff ließ. Wir gingen über einen kleinen, schmalen Steg, so kurz und doch so lang, und hatten Europa hinter uns.

Die »Nea Hellas« ist (oder war?) ein eleganter Dampfer. Unsere Touristenklasse-Kabine war ausgezeichnet. Es gab zwei Waschbecken mit fließendem Wasser, drei bequeme Betten, von denen zwei übereinander angebracht waren. Das Fenster ging auf ein Deck, konnte also geöffnet werden, und hatte einen hübschen Vorhang aus geblümtem Stoff. Das Schiff, mit allen Salons und Sälen, war schnell besichtigt. Nun lagen noch acht bis zehn Stunden Wartezeit vor uns.

Es dämmert. Wie Leuchtkäfer im Gebüsch tauchen die Lichter von Lissabon aus dem Halbdunkel auf. Langsam senkt die Nacht ihren

Mantel über uns. Sterne leuchten auf. Autogehupe dringt schwach zu uns herüber. Das Wasser des Flusses plätschert leise an die Wände des Schiffes, wie ein Gebirgsbächlein an einen großen Stein. Noch sind wir mit dem Kontinent verbunden. Noch führt ein schmaler Steg vom Festland zu uns.

Es ist eine stille Nacht. Nichts darf die Andacht dieser Stunde stören. Fünf Meter von uns entfernt liegt Europa, unsere blutende, brennende, zerstörte Heimat. Auf dem Land, fünf Meter von uns, bin ich geboren. Mit dem Land ist jede Faser meines Herzens verbunden. Europa ist ich; ich bin Europa. Alles, was ich liebe, alles, das mich liebt, ist in Europa. Europa war für mich das Leben, Europa ist für mich Freude und Schmerz, Liebe und Haß, Glück und Unglück.

Und wir? Wir verlassen Europa. Wir desertieren aus Europas Unglück. In der Nacht schleichen wir uns fort.

Ein Sirenenstoß! Was willst du, abscheuliche Stimme? Warum zerreißt du die heilige Stille dieser Nacht?

Langsam, als ob sie sich schäme, geht die Landungsbrücke hoch. Wir sind von Europa abgeschnitten, und die fünf Meter werden zu einer unüberbrückbaren, weiten Ferne...

Zum zweitenmal erklingt dein Klagelaut, Sirene? Noch nicht, noch nicht...

Aus den fünf Metern werden sechs und sieben und acht; so sei es denn. Lieb Heimatland, ade!

Leise und langsam gleitet die »Nea Hellas« den Fluß hinunter, dem offenen Meere zu. Wie ein Märchenland zieht die hell erleuchtete Ausstellung[49] an uns vorbei. Weiter und weiter gleiten wir, bis die Lichter von Lissabon in den Sternenhimmel hineinwachsen, weiter, bis der Horizont in ein gleichmäßiges Schwarz getaucht ist.

Hinten, weit hinten, wo die letzten Lichter ins Wasser tauchten, war Europa. Und um uns ist Nacht.

Zwischen zwei Welten

In den acht Tagen, in denen unser Schiffchen auf der großen Wasserwüste uns von einer Welt zur anderen trug, in den acht Tagen, wo es um uns nichts anderes gab als Wasser und Himmel, Himmel und Wasser, war ich krampfhaft damit beschäftigt, mir klar zu werden, welcher Teil von mir in Europa zurückgeblieben war und welchen Teil ich zusammenraffen konnte, um ihn nach Amerika zu bringen. Ich fühlte, daß ich nicht mehr »ich« war. Ich war nur noch ein halber Mensch. Ich aß und trank wie immer, ich schlief wie immer, ich sah aus wie immer und trotzdem wußte ich, daß etwas von mir verlorengegangen war. Ich wußte, daß ich meinen Körper nach der neuen Welt bringen würde, daß aber mein Herz weiter in der alten schlagen würde. Ich überlegte mir, wie man ohne Herz leben kann. Ich zerbrach mir den Kopf, wie man die Beine in einer Welt und den Kopf in der anderen haben kann.

Dann fühlte ich, daß mir alles egal war. Eine große Müdigkeit überkam mich. Ich konnte und wollte nicht mehr denken. Mir war alles gleichgültig. Ich war *indifférent* zu allem. Ich war wie ein Mensch, der einen starken Schlag auf den Kopf bekommen hatte und so betäubt war, daß er nichts fühlen konnte.

Am achten Tag begegneten wir einem kleinen roten Schiffchen mit der amerikanischen Flagge. Wir befanden uns in den amerikanischen Hoheitsgewässern. »Heute nacht kommen wir in New York an«, sagte ein weißgekleideter Schiffsoffizier. Ich hätte gewünscht, daß die Fahrt länger gedauert hätte. Ich hatte Furcht vor dem unbekannten Amerika, das ich mir kalt und eisig vorstellte. Ich weiß nicht, ob ich nicht hätte zurückfahren wollen.

Der Mond zeichnete eine helle Straße auf dem dunklen Meer. Reges Treiben herrschte auf dem Schiff, denn keiner war schlafen gegangen. Die Sirene unseres Schiffes ertönte. Diesmal klang es nicht grausam und wild wie bei der Abfahrt von Lissabon, sondern milde und lokkend. Aus der Ferne kam eine andere Stimme, gutmütig und beruhigend. »Willkommen, willkommen in Amerika!« schien sie zu sagen. Und dort, ganz weit hinten, flackerte ein Licht, das erste Licht. Ein anderes tauchte auf, und noch ein anderes. Die gelben, roten und grünen Lichter der Leuchttürme zeigten uns den Weg durch die Nacht. In immer größeren Massen tauchten sie auf, sie kamen, um uns durch alle Gefahren in Schutz und Sicherheit zu bringen. »Jetzt ist alles überstanden«, wisperten sie. »Nun macht die Augen zu und schlaft, jetzt sind wir da, um über euch zu wachen. Jetzt bringen wir euch in das gelobte Land.«

Plötzlich hatte ich keine Furcht mehr vor Amerika. Ein Gefühl der Wärme und der Dankbarkeit überkam mich. Ich fühlte mich so sicher wie früher, als ich ein ganz kleines Kind war und mein Vater am Abend mich auf den Arm nahm, um mich schützend durch die Dunkelheit zu tragen. Diese Lichter waren da, um uns zu helfen, uns zu schützen. Sie waren nicht dazu bestimmt, zu zerstören und zu vernichten.

Es war ein merkwürdiges Gefühl, wieder in der Nähe von Menschen zu sein.

Ein graublauer Schleier lag über der Stadt. Langsam brach die Sonne durch den Nebel, und eine erhabene Gestalt tauchte aus den Fluten empor. Hoch hielt die Freiheitsstatue die brennende Fackel in die Luft. Ihr Blick ist denen zugewendet, die, um Verfolgung und Tod zu entrinnen, zu den Ufern des Landes kommen, wo ihr Geist weilt. Wehmütig schweift ihr Blick über das Wasser, dorthin, wo Europa liegt. Wie wir, ist sie ein Kind Europas, wie wir, ist sie von dort vertrieben.

O Freiheit, erhabene Göttin, möge dein Lächeln wieder den Kontinent erhellen, der jetzt in den Nebeln der Sklaverei begraben liegt!

Höher steigt die Sonne – und dort, dort hinten, wo die Nebelschleier reißen, wachsen die silbergrauen Steinriesen, vom schwachen Sonnenschein erhellt, aus der Nacht. Ein Bild der Kraft und der Macht, recken sie sich zum blauen Himmel hinauf.

Langsam gleitet die »Nea Hellas« in den Hafen hinein. Langsam gleitet sie an den Pier – die Maschinen hören auf zu arbeiten – wir stehen still – ein sanfter Ruck – wir sind mit dem amerikanischen Kontinent verbunden.

Ich danke dir, o mein Schicksal, daß du mich geführt hast durch die Nacht und den Nebel der Verzweiflung, in den neuen Tag des Lebens und der Freiheit.

Hinter mir liegt ein ereignisreiches, zeitweilig schweres und doch schönes Leben.

Vor mir liegen nur unbeschriebene, weiße Blätter...

Anhang

Anmerkungen*

1 Rudolf Leeb (1902–1993), sozialdemokratischer Parteifunktionär, 1927–1933 Kassierer beim Parteivorstand der SPD in Berlin, war beteiligt an der Rettung des Parteivermögens ins Exil. 1933 Mitarbeiter des Sopade-Büros in Prag, seit 1938 in Paris, wurde er nach der Internierung 1938 mit Hilfe des Jewish Labor Committee über Lissabon (Dezember 1940) nach New York gerettet, wo er im April 1941 ankam.

2 Robert Gottlieb Grötzsch (1882–1946), sozialdemokratischer Journalist und Schriftsteller, emigrierte im März 1933 nach Prag, war Mitarbeiter des Neuen Vorwärts, übersiedelte Anfang 1938 nach Paris, kam 1939 ins Internierungslager, konnte dann über Spanien und Portugal mit Hilfe des Jewish Labor Committee nach New York fliehen.

3 Georg Fuchs (geb. 1881), war Redakteur bei der Leipziger Volkszeitung gewesen.

4 Adrien Marquet (1884–1955) französischer sozialistischer Politiker (SFIO), Abgeordneter und seit 1925 Bürgermeister von Bordeaux, 1933 Mitgründer der Neo-Sozialisten, 1934 Arbeitsminister. In der Vichy-Regierung war er (Juni/Juli 1940) Innenminister, deswegen wurde er 1947 als Kollaborateur verurteilt.

5 Pierre Renaudel (1871–1935), französischer sozialistischer Politiker, Redakteur und Abgeordneter.

6 *Nach meiner Erinnerung, ich habe jedoch keine Möglichkeit, dies nachzuprüfen, ging Marquet zu den Vichy-Leuten über.*

7 *Das Département Lot-et-Garonne, dessen Hauptstadt Agen war, war uns von den Behörden als Aufenthaltsort zugewiesen worden.*

8 Préfecture. Einige Buchstaben waren ausgefallen. Der Präfekt an der Spitze eines Départements untersteht dem Innenminister.

9 *Meinem Vater, gebürtig in Brünn, das zur Zeit seiner Geburt in Österreich gelegen hatte und nach 1918 zur Tschechoslowakei gekommen war, war es möglich gewesen, die Staatsbürgerschaft der Tschechoslowakei zu erwerben, als er 1933 in Deutschland ausgebürgert worden war.*

10 *Eine sozialistische Emigrantengruppe in New York.* Die German Labor Delegation (GLD) war im März 1939 in New York unter dem Patronat der American Federation of Labor (AFL) gegründet worden. Ihr Zweck war zunächst die Sammlung von Finanzmitteln zur Unterstützung der Sopade. Dazu war Friedrich Stampfer Anfang 1939 nach den USA gereist. Unter dem Vorsitz des ehemaligen Reichs- bzw. preußischen Ministers Albert Grzesinski verstand sich

---

* Die kursiv gesetzten Texte sind spätere Hinzufügungen der Autorin und wurden von Wolfgang Benz ins Deutsche übertragen; vgl. oben »Zum Text«, S. 21.

die German Labor Delegation als Repräsentanz des sozialdemokratischen Parteivorstands im Exil. Ideologisch vertrat sie gegenüber anderen sozialistischen Exilgruppen die Position der Weimarer SPD, als humanitäre Organisation spielte die GLD bei der Rettung sozialistischer Emigranten aus Europa eine wichtige Rolle. Vgl. Mit dem Gesicht nach Deutschland, S. 34 ff. und S. 529 ff., und Joachim Radkau, Die deutsche Emigration in den USA. Ihr Einfluß auf die amerikanische Europapolitik 1933–1945, Düsseldorf 1971, S. 144 ff.

11 Pierre Comert war Berliner Vertreter der Zeitung Le Temps.

12 *Siehe unten.*

13 *Das Ereignis signalisierte das Entkommen der Geyers aus Deutschland.*

14 Nach der kampflosen Besetzung von Paris (14. Juni 1940) war am 17. Juni in Bordeaux unter Marschall Pétain eine neue französische Regierung gebildet worden, die Deutschland um Waffenstillstand bat. Die deutschen Bedingungen wurden erst am 21. Juni übergeben, der Waffenstillstand wurde am 22. Juni unterzeichnet und trat am 25. Juni in Kraft. Zu den Bedingungen gehörte die deutsche Besetzung von Frankreich einschließlich Paris; die gesamte Atlantik- und Kanalküste stand unter deutscher Kontrolle. Die Regierung Pétain richtete sich im mondänen südfranzösischen Badeort Vichy ein, während General de Gaulle in London ein Nationalkomitee der Freien Franzosen mit dem Ziel des Widerstands proklamierte. Vgl. Eberhard Jäckel, Frankreich in Hitlers Europa. Die deutsche Frankreichpolitik im Zweiten Weltkrieg, Stuttgart 1966, S. 32 ff.

15 Nach André Maginot (1877–1932), der zwischen 1917 und 1931 wiederholt französischer Kriegsminister gewesen war, benannte Befestigungszone, die zwischen 1929 und 1936 errichtet wurde, aber entgegen den Erwartungen des französischen Generalstabs der deutschen Wehrmacht keinen erheblichen Widerstand hatte bieten können.

16 *Victor Schiff war Kollege meines Vaters beim »Vorwärts« in Berlin gewesen.* Schiff (1895–1953), seit 1920 außenpolitischer Redakteur des Vorwärts, emigrierte 1933 nach Paris, arbeitete dort als Vertreter der Sopade, war Mitarbeiter beim Neuen Vorwärts, Daily Herald und anderen Blättern, propagierte einen Burgfrieden zwischen SPD und KPD und eine Deutsche Volksfront als antifaschistisches Bündnis im Exil (vgl. Ursula Langkau-Alex, Volksfront für Deutschland? Frankfurt a. M. 1977). Ab Juli 1940 lebte er in London, von 1946 bis 1953 als Korrespondent des Daily Herald in Rom.

17 *Tatjana Winfried war meine Klassenkameradin und beste Freundin. Die Gefühle unserer Jugendfreundschaft wurden verstärkt durch die unmittelbare Bedrohung unseres jungen Lebens. Wir hatten uns im vergangenen Herbst in der Schule kennengelernt, sie als Flüchtling aus Wien, ich aus Prag. Ihre Familie wurde während des Kriegs von französischen Bauern versteckt, sie kehrte dann nach Wien zurück, wo Tanja und ihr Mann immer noch leben.*

18 *Ich erkannte sofort, daß die Winfrieds, anstatt sich anderen Flüchtlingen aus Österreich in Montauban anzuschließen, beschlossen hatten, nach Agen zu fahren in der Hoffnung, daß mein Vater ihnen helfen könnte. Es war für mich wie für meinen Vater schmerzhaft, daß er dazu nicht in der Lage war. Als ich dies niederschrieb, wußte ich nicht, ob sie überlebt hatten.*

19 *Die Rationierung hatte begonnen, und Kuchen konnte nicht mehr jeden Tag gebacken werden.*

20 *Gub-Gub, das Schwein in Hugh Loftings Serie John Dolittle.* Die Kinderbücher des Autors und Zeichners Lofting (1886–1947) waren seit den 20er Jahren weit verbreitet.

21 *Mittelmeerhafen.*

22 *Anna Geyer.*

23 Salomon Grumbach (1884–1952), französischer Politiker im Elsaß mit vielen Verbindungen zur SPD und zur Friedensbewegung in Deutschland, floh im Juni 1940 nach Nordafrika, 1945 war er Mitglied der Französischen Nationalversammlung.

24 Nach einem Ultimatum General Keitels, das auf 19.30 Uhr befristet war, unterzeichnet General Huntziger als französischer Delegationsführer am 22. Juni 1940 um 18.50 Uhr das Waffenstillstandsabkommen. Wegen der anschließenden Verhandlungen mit Italien, die am Abend des 24. Juni endeten, trat der Waffenstillstand erst in den frühen Morgenstunden des 25. Juni 1940 in Kraft. Vgl. Hermann Böhme, Entstehung und Grundlagen des Waffenstillstandes von 1940, Stuttgart 1966; vgl. Anm. 14.

25 *Öffentliche Omnibuslinie zur Stadt.*

26 *Breitscheid und Hilferding waren die einzigen der Autobuspassagiere, die umkamen. Trotz aller Anstrengungen zu ihrer Rettung fanden sie nicht den Mut zum Fluchtversuch. Sie wurden von der Gestapo verhaftet. Hilferding beging Selbstmord in einem Pariser Gefängnis. Breitscheid starb in einem Konzentrationslager, vermutlich während eines Bombenangriffs der Alliierten.* Die Vichy-Regierung wies Breitscheid und Hilferding Arles als Zwangsaufenthalt zu, am 11. Dezember 1941 wurden sie aufgrund des Artikels 19 der Waffenstillstandsbedingungen (vgl. Anm. 30) an die Gestapo ausgeliefert. Hilferding wurde auf der Fahrt ins Pariser Gefängnis La Santé schwer mißhandelt, nach offiziösen Angaben beging er dort Selbstmord, die wirkliche Todesursache bleibt ungeklärt. Das Ehepaar Breitscheid wurde ins Gestapo-Hauptquartier in Berlin überführt und blieb dort zehn Monate lang in Haft. Anschließend wurden sie ins KZ Sachsenhausen und im September 1943 ins KZ Buchenwald deportiert, wo er am 24. August 1944 einem Luftangriff zum Opfer fiel.

27 *Servus!*

28 Der Begriff »Tschechische Legion« stammt aus dem Ersten Weltkrieg und galt für Einheiten, die aus tschechischen Freiwilligen gebildet waren und unter alliiertem Kommando gegen Österreich-Ungarn mit dem politischen Ziel eines unabhängigen Nationalstaats kämpften. Am Zweiten Weltkrieg waren nur vereinzelte tschechische Soldaten in den alliierten Reihen beteiligt.

29 Else Lehmann (geb. 1892) war eine der Sekretärinnen der SPD-Reichstagsfraktion, sie arbeitete eng mit Paul Hertz zusammen, den sie in die Emigration begleitete. Sie war in Prag und Paris für die Sopade tätig und emigrierte über Lissabon in die USA.

30 *Anna Geyer und ihre Tochter Lily erreichten die Vereinigten Staaten. Nach einiger Zeit verloren wir den Kontakt. Ich gab die Hoffnung nie auf, daß sich unsere Wege wieder einmal kreuzen würden. Unlängst konnte ich Lilys Aufenthaltsort ausfindig machen, sie lebt im Mittelwesten mit ihrem Mann. Ich erwarte die Erneuerung unserer Kinderfreundschaft.*

31 Der Artikel 19 des deutsch-französischen Waffenstillstandsvertrags hat folgenden Wortlaut: »Alle im französischen Gewahrsam befindlichen deutschen Kriegs- und Zivilgefangenen, einschließlich der Haft- und Strafgefangenen, die wegen einer Tat zugunsten des Deutschen Reiches festgenommen und verurteilt sind, sind unverzüglich den deutschen Truppen zu übergeben.
Die Französische Regierung ist verpflichtet, alle in Frankreich sowie in den französischen Besitzungen, Kolonien, Protektoratsgebieten und Mandaten be-

findlichen Deutschen, die von der Deutschen Reichsregierung namhaft gemacht werden, auf Verlangen auszuliefern.

Die Französische Regierung verpflichtet sich, zu verhindern, daß deutsche Kriegs- und Zivilgefangene aus Frankreich in französische Besitzungen oder in das Ausland verbracht werden. Über bereits außerhalb Frankreichs verbrachte Gefangene sowie über die nicht transportfähigen kranken und verwundeten deutschen Kriegsgefangenen sind genaue Listen mit Angaben ihres Aufenthaltsorts vorzulegen. Die Aufsicht über die kranken und verwundeten deutschen Kriegsgefangenen übernimmt das Deutsche Oberkommando.«

Zum zweiten Absatz war handschriftlich präzisiert, daß unter Deutschen »Reichs- und Volksdeutsche« zu verstehen waren, d. h., eine fremde Staatsangehörigkeit schützte nicht vor dem Zugriff des NS-Staats. Wortlaut in: ADAP, Serie D, Bd. 9, S. 554 f.

32 *Der Brief war ein Hilferuf meines Vaters in der Maske eines Geschäftsmannes mit Namen S. (für Stampfer) Bedrich (tschechisch für Friedrich). William Karlin war ein alter Freund von ihm.*

33 *William Green und Matthew Woll, prominente amerikanische Arbeiterführer, mit denen mein Vater Kontakt hatte.* Green (1873–1952) war Funktionär der Bergarbeiter-Gewerkschaft und 1924–1952 Präsident der American Federation of Labor. Woll (1880–1956) war Präsident der International Photo-Engravers' Union of North America und Vizepräsident der American Federation of Labor.

34 *Rudolf Katz von der German Labor Delegation, die in diesem Zusammenhang eine Rolle spielte.* Katz (1895–1961), Rechtsanwalt und Politiker, war 1933 nach China emigriert, 1935 nach New York übergesiedelt, dort war er u. a. Vorsitzender der deutschen Sprachgruppe der Social Democratic Federation of America, 1939 Mitbegründer der German Labor Delegation u. a. Exilorganisationen. Er gehörte zu den wenigen politischen Emigranten, die nach 1945 in der Bundesrepublik eine Rolle spielten, als Justizminister in Schleswig-Holstein (1947–1950), Mitglied des Parlamentarischen Rats 1948/49 und als Vizepräsident des Bundesverfassungsgerichts ab 1951.

35 *Das Haus der Schriftstellerin Selma Lagerloef, die ich zu jener Zeit sehr verehrte.*

36 Jean Jaurès (1859–1914), französischer Philosoph und Politiker, prominenter Sozialist und Anhänger einer deutsch-französischen Verständigung.

37 *Alle genannten Schilder waren falsch geschrieben.*

38 *Der Vater von Madame Cros.*

39 *Vgl. Einleitung.*

40 *Meine Mutter und mich.*

41 *Butte Rouge war der Vorort von Paris, in dem wir gewohnt hatten.*

42 *Roman von Selma Lagerloef.*

43 *Gerüchte.*

44 *Militärischer Geheimdienst, er entsprach der deutschen »Abwehr«.*

45 *Ausreisevisum.*

46 *Einreiseantrag für die Vereinigten Staaten.*

47 Im spanischen Bürgerkrieg, der im Juni 1935 mit einer Militär-Revolte General Francos in Spanisch-Marokko gegen die links orientierte republikanische Regierung begonnen hatte, waren in langen Kämpfen große Teile Spaniens verwüstet worden. Die Entscheidung zugunsten Francos und der faschistischen Falange, die von deutschen und italienischen Truppen unterstützt wurde, fiel

Anfang 1939. Mit dem Einzug der Franco-Truppen am 28. März 1939 in Madrid war der Bürgerkrieg beendet, »rotspanische« Verbände und die Internationalen Brigaden, die auf republikanischer Seite kämpften, retteten sich nach Frankreich.

48 *Der Pariser Vorort, von dem aus wir geflohen waren.*

49 *Ich kann mich nicht mehr erinnern, was hiermit gemeint war.* Laut Ernst Vogel »Ausstellung der portugiesischen Welt« vom 23. Juni bis 2. Dezember 1940.

Friedrich Stampfer

Flucht aus Frankreich *

Heute fliegt man in wenigen Stunden von Lissabon nach Paris. Anfang Mai 1940 dauerte es zehn Tage, bis der Flug – wieder über Nordafrika – bewerkstelligt werden konnte. Müde, wie ich war, freute ich mich auf den ersten Schlaf im gewohnten Bett. Aber um 3 Uhr morgens heulten die Sirenen. Es war der 10. Mai. Hitler hatte den Vormarsch angetreten. Überall hingen die Plakate, auf denen für die Kriegsanleihe geworben wurde. Da sah man England und Frankreich mit all ihren Kolonien und Dominions in der gleichen Farbe, eine ungeheure Fläche mit mehr als 600 Millionen Einwohnern, und ein kleines dunkles Fleckchen, das Deutschland hieß. Dazu die Überschrift: *Wir werden siegen, weil wir die Stärkeren sind.*
Das wirkte überzeugend, und schließlich erwies es sich auch als richtig. Aber daß das noch fünf Jahre dauern, daß man dazu auch noch Amerika und Rußland brauchen und daß es zunächst mit einem raschen, völligen Zusammenbruch Frankreichs beginnen würde, das ahnte man damals noch nicht. Drei Wochen später stand Hitler vor Paris; ich war gezwungen, mit Frau und Kind eine Flucht durch das Land anzutreten, die erst im Herbst mit der glücklichen Ankunft in Amerika endete.
Die zuversichtliche Stimmung im Lande hatte bald einer wilden Panik Platz gemacht. Eine Massenflucht der Bewohner Belgiens und Nordfrankreichs setzte ein. Alles drängte per Bahn, Auto oder zu Fuß nach Süden. Dorthin führte auch unser Weg. Uns war das Departement Lot-et-Garonne als Zwangsaufenthalt zugewiesen, wohin das Ehepaar Breitscheid schon vorausgefahren war. Sie erwarteten uns in Agen, nächst Bordeaux, auf dem Bahnhof und brachten uns in unser Quartier. Meine Absicht war, nach Paris zurückzufahren und mich um die

---

* Aus: Friedrich Stampfer, Erfahrungen und Erkenntnisse. Aufzeichnungen aus meinem Leben. Köln 1957, S. 276 ff. Der Abdruck erfolgt mit freundlicher Genehmigung des Verlages Kiepenheuer & Witsch, Köln.

dortgebliebenen Freunde zu kümmern, aber das war nicht mehr möglich. Unsere Sorge um sie war um so größer, da man die jüngeren Männer, darunter Ollenhauer, als »feindliche Ausländer« im Pariser Stade Buffalo interniert, die Frauen aber nach Gurs in den Pyrenäen gebracht hatte. In beiden Lagern herrschten unbeschreibliche Zustände. Schlimmer noch als sie drückte auf die Gefangenen die Sorge, daß eines Tages an Stelle der französischen Wächter die SS die Lager übernehmen würde. Tatsächlich blieben die Männer im Stade Buffalo, bis Hitler dicht vor Paris stand. Dann ließ man sie laufen, und unter schweren Strapazen und Gefahren schlugen sie sich zu uns durch. Auch die Frauen erreichten uns auf ähnlich beschwerlichen Wegen, so daß unsere Gesellschaft zunächst wieder beisammen war. Breitscheid, Hilferding, Hans Vogel, Erich Ollenhauer und Fritz Heine waren – oder sind jetzt – von ihr die Bekanntesten.

Am 20. Juni ereilte uns plötzlich der Befehl, Agen zu räumen. Wir sollten weiter verfrachtet werden; man sagte uns nicht, wohin, vielleicht wußten die Behörden es selber nicht. In Eile wurden die wenigen Habseligkeiten gepackt. Es war der Vorabend des 16. Geburtstags meiner Tochter, und ganz ohne ein kleines Geschenk sollte der Tag doch nicht vorübergehen. So kaufte ich in einer Buchhandlung für ein paar Franken *Les Châtiments*, die glühenden Haßgesänge Victor Hugos gegen den Diktator Napoleon III. Der Diktator hatte in Schande geendet, unvergänglich strahlt der Stern seines großen Widersachers, der einst auch ein Emigrant gewesen war wie wir.

Der Waffenstillstand war geschlossen. Er enthielt eine Klausel, mit der sich die französische Regierung verpflichtete, der deutschen Regierung jeden deutschen Emigranten, dessen sie habhaft zu werden wünschte, auszuliefern. Wann wir in die Hände der Gestapo gelangen würden, schien nur noch eine Frage der Zeit zu sein. Indessen wurden wir in einem überfüllten Autobus von Ort zu Ort gebracht, bis es in dem Landstädtchen Castres zu einem etwas längeren Aufenthalt kam. Auf der Irrfahrt dahin schliefen wir auf einem Platz in Montpellier sitzend in unserem Bus, als Breitscheid und Frau leise den Wagen verließen und bei hellem Mondschein um eine Straßenecke verschwanden. Ich erinnerte mich, daß Breitscheid mir einmal gesagt hatte, wenn es soweit wäre, hätte er für sich und seine Frau Gift genug. Ich dachte: »Jetzt tun sie es.« Doch kamen sie nach einer Weile zurück.

In Castres glaubten wir uns verloren. Wir waren von der Welt abgeschnitten und warteten auf unsere Festnahme. Da kam wie ein Wunder vom Himmel plötzlich ein Zeichen, daß unsere Freunde in Amerika nicht müßig geblieben waren. Der Generalkonsul in Marseille
sandte mir eine Liste deutscher Emigranten, denen Einreisevisa be-
willigt waren, und forderte mich auf, zu ihm zu kommen. Bald darauf kam ein Anruf meines Freundes Dr. Frank Bohn, der von den
Gewerkschaften zu einer Befreiungsaktion nach Marseille entsandt
worden war: »Ich komme, euch zu holen, euch alle zu holen«, sagte
er. Mir kam es vor wie das Signal des Ministers in *Fidelio*.
William Green, Präsident der *American Federation of Labor*, hatte
bei Roosevelt die Einreiseerlaubnis erwirkt. Die Mittel für die Ret-
tungsaktion hatte in großzügiger Weise das jüdische Arbeiterkomitee in New York bereitgestellt. Man hätte sich wahrlich nicht wundern können, wenn die jüdischen Arbeiter sich auf den Standpunkt
gestellt hätten, sie hätten für ihre Glaubensgenossen in Europa genug zu tun. Aber trotz der ungeheuren Opfer, die sie für die jüdischen Flüchtlinge brachten, langte es noch, auch anderen zu helfen,
die von Hitler verfolgt wurden. Sie haben damit Beweise menschlicher Gesinnung geliefert, die gar nicht genug gewürdigt werden
können.
Ich sollte also nach Marseille kommen. Das war jedoch nicht einfach. Nach vielen Bemühungen erhielt ich den nötigen Erlaubnis-
schein, aber noch am selben Tage erschien ein Gendarm, um ihn
wieder abzuholen. Ich ging zum Kapitän und erkundigte mich nach
den Ursachen dieses seltsamen Verhaltens. »Aufrichtig gestanden«,
sagte der Kapitän, »ich habe Angst vor Hitler. Wenn er kommt und
Sie sind nicht mehr da, kann er mich dafür verantwortlich machen.«
Ich bat um einen guten Rat; der Kapitän überlegte. »Was geschieht
Ihnen denn«, fragte er, »wenn Hitler Sie kriegt?« – »Das steht dann
bei ihm«, antwortete ich, »ob ich erschossen, geköpft oder gehängt
werde.« »So«, rief der Kapitän triumphierend, »und wenn Sie ohne
Erlaubnis nach Marseille fahren, kostet das 500 Franc Geldstrafe.
Nun wählen Sie selbst!« Ich fragte in einem Anfall von Galgenhu-
mor, ob er mir diesen Rat nicht schriftlich geben könne. Er winkte
lachend ab.
Ähnliche Geschichten in beliebiger Menge könnte jeder Emigrant
erzählen. Die Franzosen gehören zu den liebenswürdigsten Menschen und die französischen Bürokraten zu den schlimmsten Übeln

der Welt. Da aber ein französischer Bürokrat immer zugleich auch ein Franzose ist, findet sich zumeist aus den Paragraphenschlingen ein rettender Ausweg in die Menschlichkeit. So auch in diesem Fall. Zuletzt kam ich doch nach Marseille, sogar »legal«. Mit Hilfe Mr. Binghams, des stets hilfsbereiten Generalkonsuls der Vereinigten Staaten, gelang es, auch die anderen von Auslieferung Bedrohten nach Marseille kommen zu lassen. Von da nach New York war aber noch ein weiter Weg.

Schiffe verkehrten kaum noch, die Häfen waren streng bewacht. Der einzige passierbare Weg führte über Spanien und Portugal. Dazu brauchte man ein französisches Ausreisevisum sowie ein spanisches und portugiesisches Durchreisevisum. Ausreisevisa gab es für Emigranten überhaupt nicht mehr. Unter den Emigranten befand sich ein Mann, dem der Aufenthalt in Frankreich verweigert worden war, aber als er nun unter Vorweisung des amerikanischen Visums seine Bereitschaft erklärte, das Land zu verlassen, wurde ihm die Ausreise verboten. Er mußte also dort bleiben, wo er gar nicht sein durfte. Schließlich nahm er, wie die meisten anderen, den illegalen Weg über die Pyrenäen. Den hätte eigentlich auch ich gehen sollen, aber mein körperlicher Zustand hinderte mich daran. Durch besondere amerikanische Intervention erhielt ich gerade noch rechtzeitig die Erlaubnis zum Grenzübertritt mit der Bahn. Am 8. September betraten wir spanischen Boden.

Unter den verängstigten Emigranten war das Gerücht verbreitet, daß ihnen in Spanien Festnahme und Auslieferung drohten. Das war glücklicherweise nicht wahr. Selbst Ollenhauer, der während des Bürgerkrieges in Spanien gewesen war und gegen Franco Partei ergriffen hatte, fuhr mit der Pfeife im Munde, ruhig und gelassen wie in allen Lebenslagen, durch das feindliche Land. In Portugal gab es keine Gefahr mehr. Dort trennten sich unsere Wege. Ollenhauer und Vogel gingen nach England. Mein Weg führte zum drittenmal nach Amerika.

Das ging nicht ohne schmerzliche Verluste ab. In Paris hatten wir zwei unserer Besten, Wels und Crummenerl, begraben, in Marseille Breitscheid und Hilferding zurückgelassen. Beide, unzertrennliche Freunde, waren durch keine Macht zu bewegen, mit uns zu kommen. Sie glaubten nicht an eine Rettung in das freie Ausland, vielleicht hegten sie auch im stillen die Hoffnung, daß die französische Regierung sie, die besten Freunde Frankreichs, vor dem Griff der Gestapo retten werde. Das war ein tragischer Irrtum. Seelisch und körperlich erschöpft, ergaben sie sich in ihr Schicksal. Auch mir hätte es leicht ebenso ergehen können. Ich verdankte meine Rettung der Energie meiner Frau, meiner Tochter und meines Freundes Frank Bohn, nicht meiner eigenen.

Übersetzung der französischen Begriffe
und Textpassagen

von Isabelle Birambaux

S. 30: *»Au revoir et à bientôt«* – »Auf Wiedersehen und bis bald«

S. 32: *»réfugiés«* – »Flüchtlinge«

S. 33: *»Monsieur, je n'ai pas l'honneur de vous connaître.«* – »Mein Herr, ich habe nicht die Ehre, Sie zu kennen.«

S. 37: *bains-douches* – öffentliche Badeanstalt.
C'est une grande ville! Qu'est-ce que vous voulez? – Das ist eine große Stadt! Was wollen Sie?
Consigne – Gepäckaufbewahrung
Tant pis – So geht's

S. 38: *»De quelle nationalité êtes-vous, monsieur?«* – »Welche Staatsangehörigkeit haben Sie, mein Herr?«
»nous... mes amis sont tchécoslovaques!« – »wir, ...meine Freunde sind Tschechoslowaken!«

S. 40: *»camion«* – »Lastwagen«
carte d'identité – Personalausweis
»Avez vous des lettres dans cette valise?« – »Haben Sie Briefe in diesem Koffer?«
»Etes-vous sûre?« – »Sind Sie sicher?«
»Oui« – »Ja«
»Ouvrez la valise!« – »Machen Sie den Koffer auf!«
»Nous sommes amis. Mais, nous avons dû prendre nos précautions. Qu'est-ce que vous voulez. C'est la guerre!« – »Wir sind Freunde. Aber, wir mußten Vorsichtsmaßnahmen ergreifen. Was wollen Sie. Es ist Krieg!«

S. 41: *Belle maison meublée à louer. Située au bord de la rivière, 8 chambres, 10 lits, 1000 Fr. par mois, à 60 km d'Agen.* – Schönes möbliertes Haus zu vermieten. Am Fluß gelegen, 8 Zimmer, 10 Betten, 1000 Fr./Monat, 60 km von Agen entfernt.

S. 42: *»Agence«* – »Makler«
l'Abbé, fils de M. Barbin – ein Priester, Sohn von Herrn Barbin

S. 43: *»Vous voyez, Monsieur, notre religion nous défend de travailler le dimanche. Alors je mettrai la date de demain.«* – »Sehen Sie, mein Herr, unsere Religion verbietet es uns, sonntags zu arbeiten. Also werde ich das Datum von morgen einsetzen.«
»mot« – »Zettel, Nachricht«
»de ce pauvre cher Monsieur Stonfère« – »dieses armen teuren Herrn Stampfer«

S. 45: *»Vos papiers, s'il vous plaît.«* – »Ihre Papiere, bitte.«
Carte d'identité/sauf-conduit – Personalausweis/Passierschein

S. 45: *5ème colonne!* – Die 5. Kolonne.
»*A quelque chose malheur est bon.*« – »Auch das Unglück hat sein Gutes.«
S. 46: »*convocation*« – »Vorladung«
S. 47: »*que l'ennemi est supérieur en nombre.*« – »daß der Feind zahlenmäßig über-
legen war.«
S. 48: »*Vous savez? Qu'est-ce que vous voulez? On aura la paix.*« – »Wissen Sie?
Was wollen Sie? Wir werden Frieden haben...«
*VIVRE LIBRE OU MOURIR / Gloire à notre France éternelle / Gloire à
ceux qui sont morts pour elle / Aux vaillants! Aux martyrs! Aux forts!*
Frei leben oder sterben / Ruhm unserem ewigen Frankreich / Ruhm denjeni-
gen, die für es gestorben sind / Den Mutigen! Den Märtyrern! Den Star-
ken!
S. 50: »*demande d'armistice*« – »Bitte um Waffenstillstand«
»*A bientôt et bonne chance.*« – »Bis bald und viel Glück.«
S. 51: *centre d'accueil* – Notunterkunft für Flüchtlinge
»*jour de pâtisserie*« – »Tag, an dem Kuchen gebacken werden durfte«
S. 55: »*bon voyage*« – »Gute Reise!«
»*en règle*« – »vorschriftsmäßig«
»*Vous allez nous faire mitrailler!*« – »Wollen Sie, daß wir zusammengeschos-
sen werden?«
S. 56: »*mais oui, t'as raison, mon pauv' vieux.*« – »aber ja, du hast recht, mein
Guter.«
S. 59: *Le passage à niveau* – Bahnübergang
S. 62: *Département formé d'une partie du Languedoc (Evêches d'Albi, de Castres et
de Lavaur), sous préfecture Castres, 2 arr.[1], 36 cantons[2], 324 communes,
302994 h., 16ème région militaire, cour d'appel de Toulouse, archevêché à
Albi. Ce département doit son nom au Tarn, qui le traverse.* – Departement,
bestehend aus einem Teil des Languedoc (Bistümer von Albi, von Castres
und von Lavaur), Unterpräfektur: Castres, zwei Arrondissements, 36 Cantons, 324 Gemeinden, 302994 Einwohner, 16. Militärregion, Appellations-
gericht von Toulouse, Erzbistum in Albi. Dieses Departement verdankt seinen Namen dem Fluß Tarn, der es durchfließt.
S. 63: »*Pas d'essence*« – »Kein Benzin«
»*debrouillieren / débrouiller*« – »sich zu helfen wissen.« (Die Autorin läßt
die beiden Sprachen ineinander verschmelzen, um ein neues Wort zu schaffen)
S. 63f.: »*A la montagne.*« – »In die Berge.«
S. 64: »*chemin de fer départemental*« – »Regionalbahn«
S. 69: *ARMISTICE SIGNÉ. CONDITIONS ENCORE INCONNUES.* – Waffenstillstand unterschrieben. Bedingungen noch unbekannt.
»*Sauf-conduits, s'il vous plaît!*« – »Passierscheine bitte!«
»*La même chose pour tout le monde?*« – »Das gleiche für alle?«
»*allez-y*« – »Fahren Sie los!«
S. 76: *Visé le présent passeport pour se rendre EN AFRIQUE valable pour un visa
de sortie par Sète.* – Der folgende Paß wurde mit einem gültigen Ausreise-
visum von Sète aus nach Afrika versehen.
Délai 8 jours – Gültigkeit 8 Tage
*Pour le Préfet de l'Hérault et par délégation Le Fonctionnaire de l'Admini-
stration Préfectorale* – Im Auftrage des Präfekts von Hérault und durch seine
Vertretung, den Beamten der Präfekturverwaltung

S. 77: *»Vous avez des chambres à louer?«* – »Haben Sie Zimmer zu vermieten?«
»Pas une seule.« – »Nicht ein einziges.«
»Où est-ce que je pourrais demander encore.« – »Wo könnte ich noch fragen?«
»Dans la grande maison grise, là bas!« – »In dem großen grauen Haus, da drüben!«
»Y-a-t-il des chambres à louer?« – »Gibt es Zimmer zu mieten?«
»Tout est pris. Essayez le au Grand Hôtel« – »Alles ist besetzt. Versuchen Sie es beim Grand Hôtel.«
»Il n'y a rien.« – »Es gibt keine.«
»Excusez-moi, Madame, pourriez-vous me dire où l'on peut trouver des chambres?« – »Entschuldigen Sie, meine Dame, könnten Sie uns sagen, wo wir Zimmer finden könnten?«
»Allez chez Mme. Dupont, 19, rue de Montpellier. Elle loue des chambres meublées.« – »Gehen Sie zu Frau Dupont, 19, rue de Montpellier. Sie vermietet möblierte Zimmer.«
»Mme. Dupont? Avez-vous des chambres libres?« – »Frau Dupont? Haben Sie freie Zimmer?«
»Pour combien« – »Für wie viele?«
»Pour trois« – »Für drei«
»Ma pauvre petite, je n'ai qu'une mansarde.« – »Meine arme Kleine, ich habe nur eine Dachkammer.«
»Montrez, toujours« – »Zeigen Sie es trotzdem!«
S. 78: *»Nous payerons bien.«* – »Wir werden gut bezahlen.«
»J'en aurais une«, sagte eine, *»mais je suis seule.«* – »Ich hätte zwar eines«, sagte eine, »aber ich bin allein.«
S. 81: *»Retournez! Il en va de notre vie.«* – »Fahren Sie zurück. Es geht um unser Leben.«
S. 82: *ça y est, cette fois-ci* – diesmal passiert es.
S. 83: *»Monsieur, vous savez déjà?«* – »Mein Herr, haben Sie schon gehört?«
»Mais quoi donc?« – »Aber was denn?«
»Les conditions d'armistice« – »Die Waffenstillstandsbedingungen«
»La ligne de démarcation monte des Basses Pyrénées jusqu'à Tours, passe par Moulins et va jusqu'à la frontière Suisse.« – »Die Grenzlinie führt von den Pyrenäen bis Tours und geht durch Moulins bis zur Schweizer Grenze.«
»Nous, ... nous sommes donc en territoire occupé« – »Wir, ... wir sind dann in der besetzten Zone.«
»Mais, non, mais non« – »Aber nein, aber nein!«
S. 87: *REGRETTE IMPOSSIBLE INTERVENIR* – Bedaure, unmöglich einzugreifen
AMBASSADE ETATS-UNIS – Botschaft der Vereinigten Staaten.
S. 88: Liebe Freunde,
ihr seid bestimmt neugierig zu erfahren, wie wir die letzten Wochen verbracht haben. Wir haben unsere Bleibe kurz vor Ankunft der deutschen Truppen verlassen und sind nach einigen Zickzackreisen hier im Süden angekommen. Wenn ich »wir« schreibe, meine ich nicht nur meine Familie, sondern auch unsere Glaubensgenossen und unsere Kameraden, mit denen ich die letzten Jahre verbracht habe. Natürlich sind unsere Geschäfte in Europa zur Zeit ruiniert, und unter den jetzigen Umständen können wir nicht daran denken, sie wiederaufzunehmen. Ich kann deswegen die An-

weisungen von Herrn Carnes nicht ausführen – ich bedauere es, es ist wirklich sehr schade. Ich denke oft an ihn und stelle mir vor, wie würde er hier leben, hier, wo der Wein fast gar nichts kostet.

Außerdem wird das Leben immer teurer. Wir haben nur sehr wenig Geld, da wir riesige Verluste erlitten haben. Aber wir müssen uns irgendwie durchschlagen, bis die Verbindungen wieder hergestellt sind, und dann werden wir gezwungen sein, Euch darum zu bitten (Ihr wißt sicherlich, daß die angekündigte Summe nicht angekommen ist). Zu Euch zu kommen ist natürlich unser Traum. Ich habe deswegen William und Matthew telegraphiert.

Matthew hat uns empfohlen, unsere Geschäfte nach England zu verlegen, wir haben schon daran gedacht, aber jetzt kommt es nicht mehr in Frage, das ist selbstverständlich. Wir haben uns an Eure Botschaft gewandt, die uns geantwortet hat, daß sie sich nicht einschalten konnte Wir wollen nicht die Hoffnung aufgeben, daß wir eines Tages bessere Nachrichten erhalten werden. Wir bitten Euch, wie auch unsere anderen Freunde, Euch Gedanken zu machen, was Ihr für uns tun könnt.

Es wird ein bißchen kompliziert sein, uns zu telegraphieren, da wir nicht genau wissen, wie lange wir hier bleiben werden. Dennoch würden wir uns freuen, bald Nachrichten von Euch zu erhalten, und wenn Ihr etwas Wichtiges mitteilen solltet, telegraphiert bitte an die Adresse einer Freundin (siehe unten), die unsere Post weiterleiten wird.

Herzliche Grüße an Sie, Ihre Gattin, Rudolf und an unsere weiteren Freunde.

S. Bedrich

S. 91: *Fèves, fèves, fèves...* – Saubohnen, Saubohnen, Saubohnen!

S. 92: *PAS D'IHUILE* – Kein Oal
PAR MESURE D'YGIENE, PRIERE DE NE PAS TOUCHE AU FROMMAGE – Aus ygienischen Gründen bitte den Kähse nicht anrüren
CERICES ... BANNANES – Kierschen, Bannanen

S. 93: *»pain au lait«* – »Milchbrot«
Grand-père – Großvater

S. 94: *»Prenez tout ce que vous voulez! Emportez tout, si vous voulez! Tout est à votre disposition.«* – »Nehmen Sie, was Sie wollen! Nehmen Sie alles mit, wenn Sie wollen! Es steht alles zu Ihrer Verfügung.«

S. 95: *Nous vaincrons parce que nous sommes les plus forts* – Wir werden siegen, weil wir die Stärksten sind
»Ligne de démarcation« – »Demarkationslinie«

S. 97: *O nos pauvres enfants, soldats de notre France!*
O triste armée, à l'oeil terni!
Adieu la tente! Adieu les camps! Plus d'espérance!
Soldats! Soldats! Tout est fini!
O unsere armen Kinder, Soldaten unseres Frankreichs
O traurige Armee, mit dem abgestumpften Blick.
Lebe wohl Zelt! Lebt wohl ihr Lager! Keine Hoffnung mehr!
Soldaten! Soldaten! Alles ist vorbei!
»bons d'armements« – »Kriegsanleihe«
»Nous vaincrons parce que nous sommes les plus forts... Souscrivez!« – »Wir werden siegen, weil wir die Stärksten sind... Zeichnet [Kriegsanleihen]!«

149

S. 99: *CONSULAT DES ETATS-UNIS, MARSEILLE* – Konsulat der Vereinigten Staaten, Marseille
J'ai reçu l'information que la possibilité d'une délivrance de visas pour les personnes énumérées ci-dessous est envisagée. Je vous serais reconnaissant si vous pouviez me donner des informations sur l'adresse actuelle des personnes en question.« – »Ich habe die Nachricht erhalten, daß eine Möglichkeit zur Visaaushändigung für die hier unten aufgeführten Personen ins Auge gefaßt wurde. Ich wäre Ihnen dankbar, wenn Sie mir Informationen über die aktuellen Adressen der betreffenden Personen erteilen könnten.«

S. 100: »*Patois*« – »Mundart«
VISAS ACCORDÉS – Visa gewährt [bis]

S. 102: »*Votre voix*«... »*mais oui*« – »Ihre Stimme ... aber ja«
Le petit train – Der kleine Zug
»*C'est à Lacaune qu'il faudra descendre! Vous y serez en 3 heures. Vous verrez comme c'est joli notre département! N'oubliez pas de revenir.«* – »Ihr müßt in Lacaune aussteigen! In drei Stunden kommt ihr dort an! Ihr werdet sehen, wie schön unser Departement ist! Vergeßt nicht wiederzukommen!«
»*A tout à l'heure*« – »Bis später!«
C'est un chemin de fer départemental. – Das ist eine Lokalbahn.

S. 103: *Montagne noire* – (Schwarzer) Berg (im Massif central)
»*Venez tous*« – »Kommt alle!«

S. 104: *Mairie* – Rathaus
»*Madame, nous avons l'intention de nous rendre aux Etats-Unis d'Amérique. En ce but, nous avons reçu une convocation du Consul des Etats-Unis à Marseille d'aller à la ville nommée pour y chercher nos visas. Nous vous prions de nous indiquer quel chemin il faut prendre pour arriver au but desiré: à la délivrance de sauf-conduits.«* – »Meine Dame, wir haben die Absicht, uns nach den Vereinigten Staaten von Amerika zu begeben. Zu diesem Zweck haben wir eine Vorladung des Konsulats der Vereinigten Staaten in Marseille erhalten, in die genannte Stadt zu gehen, um unsere Visa abzuholen. Wir würden Sie bitten, uns zu erklären, welchen Weg wir einschlagen müssen, um zu dem gewünschten Ziel zu gelangen: der Aushändigung der Passierscheine.«
»*Mademoiselle, nous ne pouvons rien faire, avant que vous ayez fait une demande de sauf-conduits*« – »Fräulein, wir können nichts tun, bis Sie einen Antrag gestellt haben.«
»*Je croyais que je pouvais le faire ici.«* – »Ich dachte, daß ich dies hier erledigen könnte.«
»*Non*« ... »*Il faut que vous alliez d'abord à la gendarmerie pour obtenir la permission de faire une demande. Ensuite venez ici.«* – »Nein ... Sie müssen erst zur Gendarmerie gehen, um die Genehmigung für eine Antragstellung einzuholen. Dann kommen Sie wieder hierher.«
»*Monsieur, nous avons l'intention de nous rendre aux Etats-Unis d'Amérique. En ce but, nous avons reçu une convocation du Consul des Etats-Unis à Marseille d'aller à la ville nommée pour y chercher nos visas. A la police, on nous a dit qu'il fallait venir ici pour obtenir la permission de faire des demandes de sauf-conduits.«* – »Mein Herr, wir haben die Absicht, uns nach den Vereinigten Staaten von Amerika zu begeben. Zu diesem Zweck haben wir eine Vorladung des Konsulats der Vereinigten Staaten in Marseille

bekommen, in die genannte Stadt zu gehen, um unsere Visa abzuholen. Bei der Polizei wurde uns gesagt, daß wir hierher kommen sollten, eine Genehmigung abzuholen, um einen Antrag für Passierscheine auszufüllen.«

S. 105: »*Mademoiselle, nous n'avons rien à faire avec cela. C'est a la police qu'il faut faire la demande. Nous ne pouvons rien faire.*« – »Fräulein, wir haben nichts damit zu tun. Der Antrag muß bei der Polizei gestellt werden. Wir können nichts machen.«

»*Pas de formulaires [de demande]? Non, ce n'est pas ici qu'il faut le faire. Allez à la sous-préfecture.*« – »Keine Anträge? Nein, hier können Sie dies nicht erledigen. Gehen Sie zur Unterpräfektur.«

»*Monsieur, nous avons l'intention de nous rendre aux Etats-Unis d'Amérique. En ce but, nous avons reçu une convocation du Consul des Etats-Unis à Marseille d'aller à la ville nommée pour y chercher nos visas. Pouvez-vous donner des instructions à la police afin que nous puissions faire des demandes de sauf-conduits?*« – »Mein Herr, wir haben die Absicht, uns nach den Vereinigten Staaten zu begeben. Zu diesem Zweck haben wir eine Vorladung des Konsulats der Vereinigten Staaten in Marseille erhalten, in die genannte Stadt zu gehen, um unsere Visa abzuholen. Können Sie der Polizei Anweisungen geben, damit wir Passierscheine beantragen können?«

»*Nous ne pouvons rien faire. Adressez-vous à la préfecture d'Albi.*« – »Wir können nichts machen. Wenden Sie sich an die Präfektur von Albi.«

Monsieur le Préfet, Albi. Reçu convocation du Consul des Etats-Unis, Marseille. Prière d'intervenir pour sauf-conduits. – Herrn Präfekt, Albi. Vorladung des Konsulats der Vereinigten Staaten, Marseille, erhalten. Bitte um Einschaltung für Passierscheine.

Consul intervenir à Albi – Konsul bei Albi einschalten

S. 106: *Sauf-conduits accordés. Police instruite. Préfet du Tarn.* – Passierscheine ausgestellt. Polizei benachrichtigt. Präfekt von Tarn.

S. 107: »*Mme. Stampfer! Je suis contente de vous voir! Nous avons été à Bordeaux et nous allons rentrer bientôt.*« – »Frau Stampfer! Ich bin froh Sie zu sehen! Wir sind nach Bordeaux gefahren und werden bald nach Hause fahren.«

»*Vous partez?*« – »Fahren Sie weg?«

»*Oui, à Marseille*« – »Ja, nach Marseille«

»*Et vous rentrerez bientôt à la Butte?*« – »Und ihr werdet bald zur ›Butte‹ zurückkommen?«

»*Que dieu vous bénisse, mademoiselle Marianne! Vous méritez d'être heureuse. Et n'est-ce pas, vous nous écrirez.*« – »Gott segne Sie, Fräulein Marianne! Sie verdienen es, glücklich zu sein. Sie werden uns doch schreiben?«

»*Des Tchécoslovaques*« – »Tschechoslowaken«

Coupé – Eisenbahnabteil

S. 108: »*Est-ce votre fille?*« – »Ist dies Ihre Tochter?«

»*Elle aime beaucoup sa maman, n'est-ce pas?*« – »Sie liebt ihre Mutter sehr, nicht wahr?«

»*Elle est jolie.*« – »Sie ist hübsch.«

»*C'est si beau d'avoir des enfants.*« – »Es ist so schön Kinder zu haben.«

»*C'est joli par ici, n'est-ce pas?*« – »Es ist schön in dieser Gegend, nicht wahr?«

»*C'est un beau pays, je l'aime beaucoup.*« – »Es ist ein schönes Land, ich liebe es sehr.«

»*Et nous étions heureux par ici! Oh, cette affreuse guerre! Nous n'aurions pas dû nous battre. Tout cela n'aurait pas dû arriver.*« – »Und wir waren so glücklich hier! Ach, dieser furchtbare Krieg! Wir hätten nie kämpfen sollen. Das ganze hätte nicht passieren sollen.«

»*François, donne moi le panier. C'est l'heure du dîner.*« – »François, gib mir den Korb. Es ist Zeit zu essen.«

»*Votre papa n'est pas avec vous?*« – »Ihr Vater ist nicht bei Ihnen?«

S. 109: »*Non, il est à Marseille.*« – »Nein, er ist in Marseille.«

»*Oh, c'est à Marseille que vous allez? Nous y allons aussi. C'est une belle ville. Vous la connaissez?*« – »Ach, Sie fahren nach Marseille? Wir fahren auch dorthin. Das ist eine schöne Stadt. Kennen Sie sie?«

»*Non, je suis curieuse de la voir.*« – »Nein, ich bin neugierig, Sie zu sehen.«

»*Votre maman ne parle pas le français?*« – »Ihre Mutter spricht kein französisch?«

»*Non, pas bien.*« – »Nein, nicht sehr gut.«

»*Oh – vous n'êtes pas Belges?*« – »Ach – sind Sie keine Belgier?«

»*Non. Nous sommes tchécoslovaques.*« – »Nein. Wir sind Tschechoslowaken.«

»*Tchécoslovaques? Et vous avez dû quitter votre pays?*« – »Tschechoslowaken? Und ihr habt euer Land verlassen müssen?

»*Oui, à cause d'Hitler.*« – »Ja, wegen Hitler.«

»*Et vous avez tout laissé?*« – »Und Ihr habt alles verlassen?«

»*Tout.*« – »Alles.«

»*Que c'est triste! C'est un beau pays, la Tchécoslovaquie?*« – »Es ist so traurig! Ist die Tschechoslowakei ein schönes Land?«

»*Merveilleux*« – »Wunderschön!«

»*Vous avez encore des parents là-bas?*« – »Habt Ihr noch Verwandte dort?«

»*Oui. Tous nos amis et parents.*« – »Ja. Alle unsere Freunde und Verwandte.«

»*Mon dieu!*« – »Mein Gott!«

»*Vous pensez que vous allez retournez là-bas?*« – »Denkt Ihr, daß ihr dorthin zurückkehren werdet?«

»*Peut-être*« – »Vielleicht . . .«

»*Et bien, je suis contente de vous avoir rencontré! Je n'en ai jamais vu, des Tchécoslovaques, moi. Je ne savais pas qu'ils étaient si gentils.*« – »Nun, ich bin sehr froh, Euch getroffen zu haben. Ich hatte noch nie Tschechen gesehen. Ich habe nicht gewußt, daß sie so nett sind.«

S. 110: »*Bobards*« – »Gerüchte« / »Falschmeldungen«

S. 111: »*Troisième étage, chambre 24*« – »Dritte Etage, Zimmer 24«

S. 113: *Suivez* – Folgen Sie!

S. 114: »*Visas de sortie*« – »Ausreisevisa«

S. 115: »*Excusez-moi, monsieur, nous avons oublié de vous donner ces passeports.*« – »Entschuldigen Sie, mein Herr, wir haben vergessen, Ihnen diese Pässe zu übergeben.«

S. 115: »*Vous n'auriez pas pu faire attention.*« – »Hätten Sie nicht aufpassen können?«

S. 116: *»Et nous, les socialistes français, est-ce que nous sommes hors de danger?«* –
»Und wir, die französischen Sozialisten, sind wir etwa außer Gefahr?«
S. 117: *Pas de visas de sortie.* – Keine Ausreisevisen!
S. 123: *»debrouillieren«* – *»débrouiller«* – »sich zu helfen wissen« (Siehe oben
S. 147, Kommentar zur ersten Erwähnung, S. 63)
»Titres de voyage« – »Reisetickets«
S. 131: *»indifférent«* – gleichgültig

Die Zeit des Nationalsozialismus

Eine Buchreihe

Herausgegeben von Walter H. Pehle

Fischer Taschenbuch Verlag

fi 1710 / 9 a

Die Zeit des Nationalsozialismus

Eine Buchreihe

Herausgegeben von Walter H. Pehle

A. von Borries (Hg.)
**Selbstzeugnisse
des deutschen
Judentums
1861-1945**
Band 4357

Detlev Claussen
**Grenzen der
Aufklärung**
Die gesellschaftliche
Genese des moder-
nen Antisemitismus
Band 12238

Ute Deichmann
**Biologen
unter Hitler**
Porträt einer
Wissenschaft
im NS-Staat
Band 12597

Wilhelm Deist/
M. Messerschmidt/
Hans E. Volkmann/
Wolfram Wette
**Ursachen und
Voraussetzung
des Zweiten
Weltkrieges**
Band 4432

Georg Denzler/
Volker Fabrizius
**Christen und
Nationalsozialisten**
Darstellung
und Dokumente
Band 11871

Dan Diner (Hg.)
**Ist der National-
sozialismus
Geschichte?**
Zu Historisierung
und Historikerstreit
Band 4391

Anne Frank
**Das Tagebuch
der Anne Frank**
Band 11377

Varian Fry
**Auslieferung
auf Verlangen**
Die Rettung
deutscher Emigran-
ten in Marseille
1940-1941
Band 11893

Gustave M. Gilbert
**Nürnberger
Tagebuch**
Band 1885

Willi Graf
**Briefe und
Aufzeichnungen**
A. Knoop-Graf/
Inge Jens (Hg.)
Band 12367

Fischer Taschenbuch Verlag

fi 1710 / 9 b

Die Zeit des Nationalsozialismus

Eine Buchreihe

Herausgegeben von Walter H. Pehle

H. Graml (Hg.)
**Widerstand im
Dritten Reich**
Probleme, Ereig-
nisse, Gestalten
Band 12236

Günter Grau (Hg.)
**Homosexualität
in der NS-Zeit**
Band 11254

Norbert Haase/
Gerhard Paul (Hg.)
**Die anderen
Soldaten**
Wehrkraftzerset-
zung, Gehorsams-
verweigerung und
Fahnenflucht im
Zweiten Weltkrieg
Band 12769

Sebastian Haffner
**Anmerkungen
zu Hitler**
Band 3489

Jost Hermand
Als Pimpf in Polen
Erweiterte Kinder-
landverschickung
1940-1945
Band 11321

Raul Hilberg
**Die Vernichtung
der europäischen
Juden**
Drei Bände in Kass.
Band 4417

Wieslaw Kielar
Anus Mundi
Fünf Jahre
Auschwitz
Band 3469

Ernst Klee
**Persilscheine und
falsche Pässe**
Wie die Kirchen
den Nazis halfen
Band 10956

Ernst Klee
**Was sie taten –
Was sie wurden**
Ärzte, Juristen und
andere Beteiligte am
Kranken- oder
Judenmord
Band 4364
**»Euthanasie«
im NS-Staat**
Band 4326
**Dokumente zur
»Euthanasie«
im NS-Staat**
Band 4327

A. Königseder/
Juliane Wetzel
**Lebensmut
im Wartesaal**
Die jüdischen
Displaced Persons
im Nachkriegs-
deutschland
Band 10761

Fischer Taschenbuch Verlag

Die Zeit des Nationalsozialismus

Eine Buchreihe

Herausgegeben von Walter H. Pehle

(Hg) Eugen Kogon/
Hermann Langbein/
A. Rückerl u. a.
**Nationalsozia-
listische Massen-
tötungen durch
Giftgas**
Dokumentation
Band 4353

Paul Kohl
**Der Krieg der
deutschen Wehr-
macht und der
Polizei 1941-1944**
Sowjetische Über-
lebende berichten
Band 12306

Helmut Krausnick
**Hitlers Einsatz-
gruppen**
Die Truppe des
Weltanschauungs-
krieges 1938-1942
Band 4344

Hermann Langbein
**...nicht wie die
Schafe zur
Schlachtbank**
Band 3486

Georg Lilienthal
**Der »Lebensborn
e. V. «**
Ein Instrument
nationalsozialisti-
scher Rassenpolitik
Band 11061

Marianne Loring
**Flucht aus
Frankreich 1940**
Die Vertreibung
deutscher Sozial-
demokraten aus
dem Exil
Wolfg. Benz (Hg.)
Band 12822

A. Mitscherlich/
Fred Mielke (Hg.)
**Medizin ohne
Menschlichkeit**
Dokumente der
Nürnberger
Ärzteprozesse
Band 2003

George L. Mosse
**Die Geschichte
des Rassismus
in Europa**
Band 10237

Rolf-Dieter Müller/
Gerd R. Ueberschär
Kriegsende 1945
Die Zerstörung
des deutschen
Nationalstaates
Band 10837

Fischer Taschenbuch Verlag

fi 1710 / 9 d

Die Zeit des Nationalsozialismus

Eine Buchreihe

Herausgegeben von Walter H. Pehle

**Das Tagebuch der
Hertha Nathorff**
Berlin - New York
Aufzeichnungen
1933 bis 1945
Wolfg. Benz (Hg.)
Band 4392

Walther Hofer (Hg.)
**Der National-
sozialismus**
Dokumente
1933-1945
Band 6084

Franz Neumann
Behemoth
Struktur und Praxis
des Nationalsozia-
lismus 1933-1944
Band 4306

Benjamin Ortmeyer
**Schulzeit
unterm Hitlerbild**
Band 12967

Walter H. Pehle (Hg.)
**Der historische
Ort des National-
sozialismus**
Band 4445
**Der Juden-
pogrom 1938**
Von der »Reichs-
kristallnacht« zum
Völkermord
Band 4386

Peter Reichel
**Der schöne Schein
des Dritten Reiches**
Faszination
und Gewalt des
Faschismus
Band 11356

Luise Rinser
Gefängnistagebuch
Band 1327

Hans Safrian
**Eichmann und
seine Gehilfen**
Band 12076

Ernst Schnabel
Anne Frank
Spur eines Kindes
Band 5089

G. Schoenberner
Der gelbe Stern
Die Judenverfol-
gung in Europa
1933-1945
Band 10601

Rolf Schörken
Jugend 1945
Politisches
Denken und
Lebensgeschichte
Band 11814

Fischer Taschenbuch Verlag

Die Zeit des Nationalsozialismus
Eine Buchreihe
Herausgegeben von Walter H. Pehle

Hans Scholl/
Sophie Scholl
Briefe und
Aufzeichnungen
Inge Jens (Hg.)
Band 5681

Inge Scholl
Die Weiße Rose
Band 11802

G. Schwarberg
Das Getto
Spaziergang
in die Hölle
Band 10302

Gerda Szepansky
»Blitzmädel«,
»Heldenmutter«,
»Kriegerwitwe«
Frauenleben im
Zweiten Weltkrieg
Band 3700

Gerda Szepansky
Frauen leisten
Widerstand:
1933-1945
Band 3741

Ladislaus Szücs
Zählappell
Als Arzt im Kon-
zentrationslager
E.-J. Dreyer (Hg.)
Band 12965

Herausgegeben von
Gerd R. Ueberschär
Das National-
komitee ›Freies
Deutschland‹
und der Bund
Deutscher
Offiziere
Band 12633

Herausgegeben von
G. R. Ueberschär/
Wolfram Wette
Stalingrad
Mythos und
Wirklichkeit
einer Schlacht
Band 11097

Hildegard Weber
Aufgehoben,
aufbewahrt
Geschichte einer
Kleinstadt in
Bildern 1933-1948
Band 12768

Irmgard Weyrather
Muttertag und
Mutterkreuz
Der Kult um die
»deutsche Mutter«
im National-
sozialismus
Band 11517

Fischer Taschenbuch Verlag

fi 1710 / 5 f